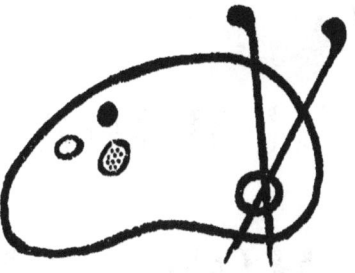

Début d'une série de documents en couleur

PAUL ACKER

HUMOUR
ET
HUMORISTES

Tout exemplaire est numéroté au verso du faux-titre.

PARIS
H. SIMONIS EMPIS, ÉDITEUR
21, RUE DES PETITS-CHAMPS, 21
1899
Tous droits réservés.

A LA MÊME LIBRAIRIE

DERNIÈRES PUBLICATIONS

COLLECTION IN-18 JÉSUS, A 3 FR. 50

Paul Acker	A côté de l'Amour	1 vol.
Henri d'Alméras	Les Sept Maris de Suzanne	1 vol.
Bertol-Graivil	Le Monsieur de Madame	1 vol.
Michel Corday	Des Histoires	1 vol.
Alphonse Crozière	Le Jeune Marcheur	1 vol.
Lucien S. Empis	Fors l'Amour !	1 vol.
Auguste Germain	Le Carillon de Paris	1 vol.
Paul Héon	Trois Semaines d'Amour	1 vol.
Pierre de Lano	L'Ame du juge	1 vol.
Pierre de Lavernière	Le Divin mensonge	1 vol.
Camille Pert	En Anarchie	1 vol.
Saint-Marcet	Aventures amoureuses de Jean de Saint-Lary	1 vol.
Julien Sermet	La Voilette Bleue	1 vol.
Pierre Veber	Amour, Amour...	1 vol.
Willy	Un Vilain Monsieur !	1 vol.

COLLECTION SIMONIS EMPIS ILLUSTRÉE, A 3 FR. 50

F. Bac	Des Images (100 dessins)	1 vol.
Jacques Ballieu	Contes aigrelets (illustrés par Engel)	1 vol.
Gaston Derys	Les Amantes (illustrées par N. G. Laml)	1 vol.
H. Gerbault	Ach'tez-moi, joli blond ! (100 dessins)	1 vol.
Albert Guillaume	Madame veut rire (100 dessins)	1 vol.
G. Maurevert	La Bague de Plomb (avec nombreuses illust.)	1 vol.
Guy de Téramond	Schmâm'ha (illustré par Sandy-Hook)	1 vol.
Willette	Œuvres Choisies (100 dessins)	1 vol.
Willy	A Manger du foin (illustré par A. Guillaume)	1 vol.
Miguel Zamacois	Articles de Paris (illustré par A. Guillaume)	1 vol.

COLLECTION D'ALBUMS IN-4°, A 5 FR.

Ferdinand Bac	Belles de Nuit	1 album.
H. Gerbault	Boum... voilà !	1 album.
Albert Guillaume	Mon Sursis	1 album.
M. G. Laml	Entre Femmes	1 album.
Charles Léandre	Nocturnes	1 album.
Hermann Paul	Alphabet pour les Grands Enfants	1 album.

COLLECTION D'ALBUMS IN-4°, A 3 FR. 50

Pierre de Lano et Reutlinger	Nos Baigneuses	1 album.
Jean Darc	Léon XIII et sa Cour	1 album.

COLLECTION DES HUMORISTES, A 2 FR.

Maurice Beaubourg	La Saison au Bois de Boulogne	1 vol.
Paul Gavault	Le Petit Guignol	1 vol.
Gustave Guiches	La Femme du Voisin	1 vol.

ÉMILE COLIN — IMPRIMERIE DE LAGNY

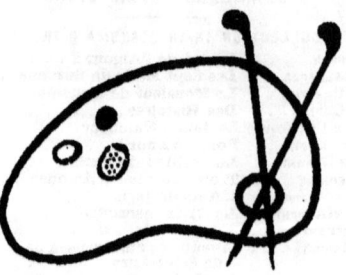

Fin d'une série de documents en couleur

HUMOUR ET HUMORISTES

DU MÊME AUTEUR

DISPENSÉ DE L'ARTICLE 23

2ᵉ MILLE

POUR PARAITRE PROCHAINEMENT :

PETITES AMES

ROMAN

Exemplaire N° 814

ÉMILE COLIN, IMPRIMERIE DE LAGNY (S.-ET-M.)

Paul ACKER

HUMOUR
ET
HUMORISTES

PARIS
H. SIMONIS EMPIS, ÉDITEUR
21, RUE DES PETITS-CHAMPS, 21

1899

Tous droits de traduction et de reproduction réservés pour tous
les pays, y compris la Suède, la Norvège et le Danemark.

*Il a été tiré de cet ouvrage
cinq exemplaires sur papier de Hollande.*

DÉDICACE

Ce livre n'est pas dédié à quelque très cher et très vénéré maître :
    A François Coppée, par exemple ;
    Ou à Jules Lemaître ;
    Ou à Anatole France.
Il n'est pas dédié non plus ainsi que font les auteurs de thèses pour doctorats :
    A mes parents ;
    A mes professeurs ;
    A mes amis ;
    A tous ceux que j'aime.

Il n'est même pas dédié à quelque madame X... en témoignage d'une respectueuse affection.

Il est dédié simplement à M. Gaston Deschamps, en toute ironie.

QUELQUES REMERCIEMENTS

Et nunc gratias reddamus...

Je remercie d'abord profondément M. Doumic pour les conseils si bienveillants qu'il me donna. C'est grâce à lui que j'ai pu mener ce livre à bonne fin, en dépit de passagers ennuis. Qu'il me permette de l'assurer de toute ma gratitude.

Je n'oublierai pas non plus de reconnaître ce que je dois à M. Pierre Veber, qui, dans sa *Vie de Bill Sharp*, a exprimé sur l'humour des idées si originales, si justes et si fines. Tous ceux qui s'occuperont de cette question ne pourront se dispenser de lire ces quelques pages, écrites en cette langue nerveuse, coquette et narquoise, dont l'auteur détient jalousement le secret. M. Veber y a dit, avec concision, tout ce que ses successeurs ne feront que développer, sans le charme de sa grâce ironique. Je remercie encore M. Jules Renard, M. Tristan Bernard et M. Charles Mougel, dont les conversations me furent si utiles, et M. Henry Gauthier-Villars, qui voulut bien me communiquer ses excellentes traductions de Mark Twain et son étude sur Paul Masson.

EN MANIÈRE DE PRÉFACE

Des esprits chagrins m'ont dit :
« Pourquoi exprimer sous une forme fantaisiste des idées que vous croyez justes et intéressantes ? La critique souffre de ces frivolités et ce ton léger diminue la valeur de votre livre. Ne consentirez-vous donc jamais à être sérieux ? »

De joyeux esprits m'ont dit :
« Vous nuisez aux humoristes. Si vous aviez écrit sur eux de profondes études pé-

dantes, le public eût fini par les considérer comme des littérateurs d'importance. Vous en parlez en riant, en gambadant : le public continuera à s'amuser de leurs œuvres, il ne les rangera pas dans le cénacle des écrivains qu'il respecte. Vous êtes un ami dangereux ; les humoristes vous tiendront rancune de votre livre. »

Et ma petite amie, elle aussi, m'a dit quelque chose :

« Tu es un imbécile de ne pas écrire de romans. Te figures-tu que tu vas gagner de l'argent avec ça? Nous serons encore forcés cette année de passer les vacances dans un trou pas cher. Quand donc connaîtrai-je Trouville? »

Il n'y a que moi qui ne me suis rien dit.

HUMOUR ET HUMORISTES

L'HUMOUR

Pour Jean Lorrain.

Mon vieil ami habite tout en haut de Plaisance, dans une vieille rue où courent des gamins loqueteux, une vieille maison grise et lézardée. Nul bruit n'en trouble le silence : seul le vent, parfois, dans ses jours de colère, secoue les volets et jette les tuiles sur le pavé. Un hôpital, en face, se dresse, tout blanc au milieu d'arbres verts. A des heures fixes, une cloche tinte doucement et l'on voit passer dans les allées au sable fin et dans les galeries les robes bleues et les cornettes blanches des sœurs que suivent des malades pâles et traînards. Des fenêtres du grenier, on distingue au loin, quand les nuages quittent le ciel, les bois de Meudon.

Mon vieil ami vit très heureux. Son cabinet de travail est plein de livres, anciens et classiques, dont les piles s'étagent jusqu'au plafond. Un peu de poussière les souille, car la servante les trouve trop nombreux pour oser les épousseter avec soin. Mon vieil ami ne s'en fâche pas : il sait qu'il faut beaucoup pardonner à ces créatures domestiques, puisqu'il faut les subir, et il lit ses chers livres sans souci des taches qu'ils font à sa redingote.

Les jours s'écoulent ainsi, calmes et tendrement monotones. Une fois par semaine, cependant, à la nuit tombante, j'arrive chez lui. Adieu les longues et paisibles études ! Je lui conte les derniers potins des lieux où l'on écrit, et je lui apporte les dernières publications et les plus étranges. Il les feuillette, il m'écoute, et il sourit ; car, étant un sage, il a une âme indulgente. Parfois, il s'irrite, tout de même, légèrement, des licences, des ignorances, des inélégances que se permettent quelques auteurs d'à présent, et il hoche la tête d'un air pitoyable. Il déteste aussi les mots nouveaux; il les juge inutiles, toutes les idées ayant été déjà exprimées.

L'autre jour, comme il commentait Longus, je suis entré bruyamment et, d'un geste victorieux, j'ai placé devant lui des volumes d'Allais, de Renard, de Bernard, que mon bras se fatiguait à porter depuis une heure. Il recula un peu étonné, un peu effrayé de cette montagne jaune qui soudain se dressait sur sa table; puis il regarda les titres, et ces titres curieux : *Bec en l'air*, *Poil de Carotte*, *Contes de Pantruche*, l'épouvantèrent.

« Qu'est cela ? » fit-il, sans même penser à me serrer la main.

Je prends la sienne, je la secoue fortement :

« Accomplissons d'abord les formalités d'usage... Là... maintenant, je puis vous dire que ce sont des humoristes ».

Mon vieil ami redressa la tête, subitement :

« Des humoristes! Des humoristes ! il n'est pas de vocable qui m'irrite et m'exaspère davantage. Humour, humoriste, je ne puis aujourd'hui jeter les yeux sur un livre, sur un journal sans y trouver ce mot. Un monsieur, ministre ou sénateur, ou député ou rien du tout, a-t-il à un dîner officiel prononcé quelque discours ou quelque toast, avec quel humour il s'est acquitté de sa petite tâche ! Faites-vous un roman? il est plein d'humour. Une conférence ? elle est pleine d'humour ? Parle-t-on d'un élégant coureur de dîners et de bals? sa conversation est pleine d'humour. Qu'est-ce donc enfin que ce terme étrange, qu'on applique à tant de sujets différents pour les caractériser? Vous devez le savoir, vous, mon ami. J'ai ouï dire que vous aussi vous faisiez de l'humour, car on fait de l'humour, paraît-il, comme on fait des sabots. »

Je ne réponds rien, je regarde la lune qui tout au fond du ciel a l'air de tituber.

« Tenez, reprend-il, ce soir, Longus m'ennuie, et je me sens disposé aux vaines discussions. Soyez pour une fois mon maître; je vais m'asseoir sur cette chaise, près du foyer, et j vous poserai des questions, en élève désireux d'augmenter ses connaissances, et vous m'instruirez. Cela me ramènera au temps de l'institution Massin, et j'oublierai durant une heure mes cheveux gris. »

Ce rôle de magister m'ennuie un peu et me gêne. Je n'aime point disserter, mais les désirs de mon vieil ami se réalisent toujours. Il s'asseoit en face de moi, et tout de suite :

— Procédons par ordre ; définissons d'abord ce que vous entendez par humour. »

Je lève les bras au ciel avec stupéfaction :

— Ah ! vous allez trop vite. Il y a des années que nos meilleurs critiques s'efforcent de donner cette définition, et n'y arrivent pas... et vous voulez que moi...

— Vous reculez ? Ah ! L'humour n'est qu'un mot prétentieux qui cache une chose antique et simple, une gaieté railleuse, une ironie froide et fantaisiste. Hélas, nous prenons l'habitude d'emprunter, pour exprimer des idées nôtres et communes, des mots à nos voisins d'outre-Manche.

— Mais non, mais non : si vous aviez raison,

pourquoi Taine, Scherer et aussi M. Stapfer, ce professeur mécontent de son sort, se seraient-ils essayés à définir l'humour?

— Et qu'en ont-ils dit? ma mémoire s'affaiblit de jour en jour.

— Ils n'ont rien dit de tout à fait juste, rien non plus de tout à fait faux. L'humour semble à Taine quelque chose d'amer, d'âcre et de sombre, qui naît sous le ciel froid des pays septentrionaux et convient seulement à l'esprit des Germains, comme la bière et l'eau-de-vie à leur palais. Scherer pense autrement : l'humoriste lui apparaît un bon garçon, plein d'illusions, qui croit au bien et, avec Leibnitz, que tout va pour le mieux dans le meilleur des mondes possibles. M. Stapfer, au contraire, voit en lui un chevalier de la Triste-Figure, une manière de Beau Ténébreux, revenu de toutes les joies et de toutes les douleurs, un pessimiste, un désabusé... Mais M. Stapfer lui-même est un désabusé.

— Je n'aurais jamais imaginé qu'il pût y avoir sur l'humour des sentiments si dissemblables.

— Vous ne savez donc pas le nombre infini des humoristes et qu'ils n'ont entre eux, à première vue, aucun point commun? Vous citerai-je les plus connus : Aristophane chez les anciens; Rabelais au seizième siècle; Cervantès chez les Espagnols ; Sterne, Swift, Carlyle, Dickens, Thackeray chez les Anglais ; Jean-Paul, Heine chez les Allemands ; Twain, Bret Harte chez les Américains ; et chez nous, aujourd'hui, T. Bernard, P. Veber, J. Renard, A. Allais ?

— Arrêtez, arrêtez.

— Vous citerai-je, parmi les moins célèbres, Lamb, Goldsmith, Chaucer, Artemus Ward?

— Assez, assez, vous m'écrasez... Quelle science et quel fatras !

— Et de tous ceux-là, pas un qui ressemble à l'autre. Qui peut différer plus d'Addison que Swift? et tous deux pourtant sont des humoristes.

Pauvre ecclésiastique, dévoré de désirs, d'ambitions, Swift voit ses espérances s'écrouler une à une, ses rêves s'évanouir, ses projets échouer, il vit dans une humiliation de chaque minute. A trente ans, il est encore le secrétaire d'un lord, réduit pour gagner son pain à un machinal métier de mercenaire. Et pourtant cet homme, le plus malheureux qui ait jamais existé, possède l'âme d'un dictateur ; son orgueil va jusqu'à la brutalité, jusqu'à la tyrannie, jusqu'à la démence. Aussi un besoin furieux de vengeance le torture, on le hait et il hait, il décrie, il insulte, il déchire, il détruit. L'ironie de ce spadassin littéraire est terrible, elle ressemble à celle d'un croque-mort ivre. Il se roule en effréné dans la fange, dans l'ordure ; non, il y trône en souverain absolu, souillant de ses éclaboussures tous ceux qu'il déteste, et, après des années de misères et de luttes, il finit par la folie.

Addison, au contraire, studieux, calme, délicat, est le meilleur des hommes et le plus heureux. Tout lui sourit : au collège il écrit des vers latins, et le voilà presque célèbre. Plus tard député, secrétaire d'Etat, ministre, jusque dans les époques mauvaises où ses adversaires politiques tiennent le pouvoir, il conserve leur estime et leur amitié. Ce doux écrivain si réfléchi, si attentif, d'une sensibilité si fine, ne songe qu'à moraliser : il prêche dans ses écrits et on l'écoute, car l'ennui a fui ses sermons : une humeur enjouée les pare et les allège, une gaieté grave, une bienveillante raillerie, un bon sens incisif, toujours maître de lui, mettent dans tout ce qu'il écrit le charme d'une souriante bonté. Je ne sais pas d'ironiste plus aimable.

— Vous avez été nourri aux belles-lettres et vous vous en souvenez : ce parallèle à la manière classique me réjouit... Mais enfin, si je vous entends bien, tous ces humoristes raillent, et l'humour se confond avec la raillerie et la gaieté.

— Non ! On peut inventer les plus folles histoires et conter les aventures les plus gaillardes, on peut, durant toute une vie, soulever chez d'innombrables lecteurs des rires intarissables, ou amener sur leurs lèvres des sourires délicieusement pervers et manquer d'humour, ab-so-lu-ment.

— A qui vous en prenez-vous donc ?
— A qui ? à tous ceux (et je reste chez nous)

qui représentent le plus notoirement cette vieille gaieté française dont, chaque mois, des chroniqueurs graves pleurent en des quotidiens la mort, ou du moins l'agonie. Je déteste ce vieil esprit, qu'on dit gaulois. Comme il trouve ses meilleurs effets dans la scatologie, la pornologie, ou la gynécologie, il éclate à la fin des dîners plantureux, quand les pantalons se désagrafent et que les gilets se déboutonnent. M. Silvestre Armand en est à cette heure le représentant fameux. Il fait encore rire, paraît-il, quelque gras marchand de petite ville et toute la confrérie des commis-voyageurs : il me donne envie de pleurer.

Mon vieil ami eut un hochement douloureux de la tête et se plaignit du pessimisme de la jeunesse contemporaine.

— Vous ne savez plus rire, dit-il ; de mon temps, nous riions de tout et partout, et les récits les plus bêtes nous charmaient s'ils étaient comiques. Encore aujourd'hui j'aime à rire, sans qu'on puisse me reprocher de me montrer méchant. J'aime à rire, pour rire, sans même savoir pourquoi. Mais je hais ces messieurs qui rencontrent partout matière à raillerie et se croient, comme ils monopolisent l'ironie, très supérieurs au reste du genre humain. Je hais tous ceux sur les lèvres desquels fleurit un perpétuel sourire moqueur : ils déroutent mon âme tranquille de vieux savant et l'intimident. Si je les fréquentais, je ne saurais comment me conduire avec eux, car je les sentirais toujours m'observant pour me tourner en ridicule... Remarquez cependant que vous vous écartez étrangement du but que vous vous étiez proposé. Vous me faisiez espérer que vous me définiriez l'humour, et nous voilà partis en guerre contre des écrivains, innocents peut-être, absents à coup sûr.

— J'y arrive : l'humour est, tout bonnement, une manière de voir la vie et de la juger. Je n'appelle pas humoriste l'écrivain qui se plaît à rire, à se moquer, qui écrit des blagues et trouve des mots, et s'en tient là. L'humoriste est avant tout un réaliste : pas d'humour sans le sens de la vie réelle, sans un contact incessant avec elle. L'humour ne vit que de l'observation directe, minutieuse, exacte, des êtres et des choses.

Elle s'appuie sur les faits particuliers, individuels, elle raille ensuite, mais elle ne fait jamais l'un sans l'autre. L'homme d'esprit, au contraire, se passe de la réalité : il aime l'abstrait et le général, l'humoriste a toujours besoin du concret.

Comme je m'arrête, un peu essoufflé, mon vieil ami croise les bras.

— Mais, alors, pourquoi tant de différence entre les humoristes ?

— Cette différence réside seulement dans la nature de leur raillerie. Tous, les plus fantaisistes comme les plus précis, ne cessent jamais d'observer le réel. Mais si l'humoriste observe avec sympathie, son ironie est émue : Sterne, par exemple ; s'il observe avec amertume, elle est âpre et méchante : Swift. Ou bien il déformera le réel, le grandissant, l'exagérant, pour mieux nous frapper : Rabelais, Twain ; ou bien il suivra le réel pas à pas, se contentant par sa perpétuelle raillerie d'en dégager le comique : T. Bernard.

— Donc, si je vous ai bien compris, observation, souci constant du réel, puis raillerie, tels sont les deux éléments de l'humour.

— Mon vieil ami, je vous donnerai un bon point, et pour vous récompenser mieux encore, j'illustrerai ce principe par un illustre exemple.

Prenez Dickens : voilà l'humoriste de génie. Nul moins que lui n'a pu se détacher de la réalité : il en est le peintre exact et minutieux. Ses personnages, longuement décrits, sont composés de mille détails, toujours caractéristiques. Il ne leur fait grâce d'aucun de ces gestes, d'aucun de ces mots qui éclairent soudain un caractère. Il ne les abandonne pas une minute, même les plus infimes, ceux qui jouent un rôle simplement épisodique ; il les suit dans les moindres actes de leur existence, car il veut nous donner d'eux, une vision à jamais persistante. Et ces détails que l'observation a choisis et accumulés, grâce à son extraordinaire imagination qui rêve vivantes jusqu'aux choses, ne restent pas des détails. Ils se groupent, s'unifient, constituent un homme que nous voyons marcher, parler, agir, une nature dont nous comprenons toutes les manifestations.

Mais ce réaliste voit tout d'un point de vue humoristique, et remarquez qu'il n'est pas humoriste volontairement, parce qu'il lui plaît d'avoir cette tournure d'esprit ; il est humoriste spontanément, naturellement, comme vous et moi nous avons cinq doigts à la main. Il dégage de chaque individu, de ses personnages les plus rudes, comme de ses personnages les plus doux, l'élément comique qu'ils renferment. Leurs ridicules, leurs manies, leurs tics, ces mille petites choses qui peignent un homme en un instant et le différencient à jamais de ses semblables, rien ne lui échappe. Mais cette ironie s'enveloppe de tendresse : même quand elle s'attaque avec dureté à des hypocrites, à des méchants, elle ne les hait pas tout à fait, puisqu'ils servent à l'amuser. Elle aime ceux dont elle se moque : légère, sautillante, elle semble tourner autour d'eux, les piquer de piqûres fines et rapides, s'en aller, revenir, fuir encore, puis recommencer. Je ne connais pas d'écrivain qui, tout en raillant les êtres que crée son génie, les chérisse davantage.

Mais comme je finissais, la lampe grésillait, faute d'huile, et mon vieil ami s'était assoupi. Une horloge, dans le lointain, sonna minuit ; et bien que ce fût l'heure des crimes et des apparitions, je n'entendis nul cri de passant égorgé et ne vis nul fantôme blanc se détacher des murailles. Tout bruit avait cessé et mes yeux fatigués un peu ne distinguaient par la fenêtre que des formes indécises et noires. J'allumai une bougie et je frappai doucement l'épaule de mon ami.

« Ah ! ah ! fit-il... le réel, observation, raillerie... humour... réaliste. »

Il bâilla épouvantablement et se rendormit.

Je jugeai inutile d'insister ; j'écrivis au crayon rouge sur une carte que je mis bien en vue : « A mardi », et je partis.

La lune dans le ciel gris semblait tout à fait ivre et rigolait.

LES HUMORISTES FRANÇAIS

Pour Jules Bois.

J'ai poussé doucement la porte à peine close : coiffé d'une calotte à gland, mon vieil ami, le dos courbé, le front dans les mains, était assis devant sa table. D'un pas discret je me suis approché ; par-dessus son épaule, j'ai risqué un regard rapide : il lisait *Poil de Carotte*, et j'ai lâché malgré moi une retentissante approbation.

Sans s'étonner, mon vieil ami ferma le volume, mit avec soin un signet, et me tendit la main.

« C'est très bien, ce bouquin, m'a-t-il dit.

J'en aime l'amère philosophie et le style impeccable, et je me sens tout disposé à pratiquer davantage les humoristes. M. Renard me rappelle La Bruyère ; ses confrères peut-être me rappelleront d'autres notabilités classiques. D'ailleurs, mes quelques lectures éveillent déjà en moi de nombreuses idées. »

Et, avec un geste charmant de doute, il ajouta :

« Je les crois originales. »

Il quitta sa chaise, et tandis que j'allumais une cigarette, il se promena quelques secondes dans la chambre, puis revenant vers moi :

« Tenez, dit-il, nos humoristes, les humoristes français d'aujourd'hui, Renard, Courteline, Bernard, Veber, sont des classiques, ou du moins ils continuent la tradition classique ; non pas seulement à cause de leur réalisme — les romanciers anglais, eux aussi, ne s'occupent que du réel, et les Russes, et les indigènes, hélas ! de l'Helvétie — mais par leur sentiment très précis et très juste de ce qui est convenable.

— Le *quod decet* latin, remarquai-je avec orgueil.

— Parfaitement. Ils ont une très rare qualité, ils ont du goût. Ennemis de toute exagération, ils aiment les paroles et les gestes mesurés. L'emphase, la redondance, la grandiloquence, le lyrisme soufflé et boursouflé les épouvantent. Ils détestent ainsi que moi les esthètes chevelus et sales, et les rapins dont les pantalons affectent près des chevilles des allures de colichemarde. Ils méprisent les snobismes et les petits triomphes de chapelle. Ils se moquent enfin de ce qui ne reste pas naturel, tout comme le sévère Boileau. Ce sont des honnêtes gens au sens du dix-septième siècle ; ils savent qu'il faut ne se piquer de rien, et nos meilleurs écrivains, vous vous en souvenez, eurent à honneur de se montrer dignes de ce titre. »

Je n'attendais point de mon vieil ami de tels éloges ; un léger étonnement se marqua sur mon visage, et, pour qu'il oubliât de le voir, j'applaudis avec douceur. Un sourire bonhomme plissa ses lèvres, cependant.

« Mes paroles vous surprennent? Vous me traitiez sans doute, en vous-même, de vieille perruque, et vous me jugiez incapable, parce que je chéris les anciens et les auteurs du grand siècle, de goûter ceux de nos contemporains à qui l'on reconnaît du talent. Oh ! jeunesse ! jeunesse !

— Vous m'étonnez un peu en effet, lui dis-je, mais vous me réjouissez plus encore ; car tout ce que vous venez d'exprimer, je le pensais. Je craignais seulement, comme je suis jeune et enclin aux faciles enthousiasmes, d'aller peut-être trop loin dans mon admiration.

— Oh ! ce n'est pas, reprit-il, que je me dispense des restrictions. En se gardant de toute joie et de toute tristesse excessive, à force de chercher en toute chose à tenir le juste milieu, ils manquent, j'en ai peur, de sensibilité. J'appréhende que leur cœur ne soit un peu racorni ; j'aimerais les voir pleurer : les pleurs sont une parure de l'âme.

— Vous trouverez, pour vous contenter, des humoristes larmoyants chez les étrangers.

Les nôtres même n'encourent pas votre reproche. Ils se dérobent, dites-vous, à leur émotion ; ils la répriment, ils l'étouffent. Détrompez-vous. Ils la protègent simplement en l'enveloppant d'ironie. Ils redoutent qu'à l'exhiber, ils ne l'abaissent à une insipide sensiblerie, et, raffinés jaloux et habiles, ils unissent au charme de la ressentir le charme plus délicat encore de savoir que rien ne la profanera. »

Mon vieil ami me regarda avec bonté.

« Bien, bien, dit-il. J'aime que l'on me prouve mes erreurs. J'accusais nos humoristes d'une imaginaire sécheresse, et j'oubliais leur continuelle bonne humeur jusque dans leurs plus macabres fantaisies. La méchanceté n'habite pas leur âme, et il n'y a que les méchants... »

Je l'interrompis brusquement. L'idée qu'il commençait à développer m'était chère, et il me semblait qu'il me volait mon bien :

« Ah ! Ah ! la bonne humeur des humoristes français ! Je vous crois qu'ils en ont de la bonne humeur. Ils se moquent de l'humanité en effet, mais sans colère ; ils se divertissent, ils s'amusent, car ils pensent qu'à montrer les mille et une contradictions de l'univers, on ne peut vraiment, tant elles sont bizarres, s'irriter ou s'attrister. Ils ne veulent pas améliorer les hommes, ils ne veulent pas les corriger. La vie est courte, l'ennui ou les soucis la visitent plus souvent que les plaisirs ; aussi ils ne cherchent qu'à nous égayer par la peinture de nos vices et de nos travers. Et voilà qui les caractérise. Les humoristes anglais prêchent volontiers ; ils se rappellent toujours qu'ils portent une bible dans leur poche. Les Allemands mélancolisent, et leurs pensées, soulevées par les fumées blanches de leurs pipes, montent au-dessus des bocks et des choucroûtes jusque dans les nuages bleus des pays du rêve. Les Américains eux-mêmes n'évitent pas toute violence. Seuls, les Français conservent une inaltérable bonne humeur, et, grâce à elle, ils se rattachent directement à notre plus fantastique rieur, à Rabelais. »

Mon ami crut bon de ne pas accepter mon avis sans objection, et il m'avoua que des lettrés avaient devant lui blâmé Tristan Bernard, A. Allais, entre autres, d'imiter les Américains et les Anglais, et de les imiter très mal.

Il n'est aucune erreur qui me fâche davantage.

« Quelle imbécillité, fis-je avec dépit. Je sais qu'ils ont lu et qu'ils goûtent Swift, Dickens, Twain, Bret-Harte et quelques autres, et j'admets qu'ils retirent de cette lecture une science plus complète des divers procédés de la raillerie et une ironie pince-sans-rire plus aiguë. Et après ? ils ne font que greffer sur les dons qu'ils tiennent de leur race quelques boutures étrangères dont l'originalité bientôt se perd. Ils lisent et ils goûtent bien plus encore Montaigne, Rabelais, Voltaire. M. John Bull ni l'oncle Sam ne créèrent l'humour. Nous le connaissions avant eux : les humoristes n'ont jamais manqué chez nous, mais ils restaient isolés. Dans ces dernières années seulement, tout un groupe d'hommes s'est trouvé dont les seules occupations furent d'observer avec exactitude les êtres et les choses, et de donner à leur observation une ironique expression. A une époque où le naturalisme pataugeait, où le symbolisme essayait d'établir ses vagues théories, et où naissait un mysticisme de brocanteur, ils songèrent à voir le monde tel qu'il est, à saisir directement la vie, à représenter enfin la réalité sous ses multiples aspects, en en dégageant tout le comique qu'elle contient. Ces hommes donc se réunirent et s'unirent, et, tâchant d'atteindre le même but par les mêmes moyens, ils constituèrent une véritable école d'humoristes, la seule dont nous puissions nous glorifier. Quelques-uns les avaient, sans doute, précédés et comme annoncés : Moineaux, Chavette; mais ils manquaient de littérature.

— Auront-ils des successeurs? me demanda mon vieil ami.

— Non, lui dis-je, personne ne les surpassera; ils ont épuisé leur sujet. Ils n'auront que des imitateurs, et les imitateurs sont, en quelque sorte, les croque-morts de toute école littéraire.

Mon vieil ami réfléchit une minute et

demie, puis me frappant sur l'épaule :
« Alors, il faut écrire un livre sur eux. Ils appartiennent à la critique, puisqu'ils appartiennent à l'histoire. »

LE STYLE DES HUMORISTES

Il y avait bien longtemps que je n'étais monté jusqu'à Plaisance, quand je reçus cette lettre :

« Mon ami,

» Vous m'oubliez : le soleil dore les toits de Paris et glisse à travers les forêts de la banlieue, et je vous pardonne, encore que je languisse de votre jeunesse. Mais vous oubliez aussi, ô fanatique sans persévérance, qu'il existe encore des humoristes, et je vous blâme. Où donc cette belle ardeur de naguère, et vos promesses de me convaincre que rien ne vaut l'humour, et ces serments de publier là-dessus des pages que déjà, dans une folle affection, je songeais immortelles? Le vieux classique que je suis, mon ami, se glorifie d'une âme sérieuse : j'ai réfléchi pour vous, j'ai voulu alléger votre peine, et vous ramener doucement par le bras sur la route désertée du travail, et je vous envoie ces lignes hâtives. *Habeant sua fata.*

» J'ai tâché qu'elles fussent sans pédantisme, sans pédantisme rogue aussi bien' que sans pédantisme fleuri. J'ai même enlevé, pour les écrire, ma calotte de professeur : il est bon, pour traiter des sujets très modernes, de retirer de soi tout ce qui est grave et antique. Je sais trop la grise influence d'une calotte à gland sur notre caractère.

» Donc, je me suis distrait à étudier un peu le style humoristique. Ce style ne m'a pas épouvanté : il m'a séduit. Il abonde en procédés et, semblable au monsieur qui bouleverse un sucrier pour en extraire un bon morceau de pierre blanche, j'aime démolir les phrases pour en dégager la formule suivant laquelle elles sont construites. J'ai d'ailleurs découvert quelques-unes de ces généralités chères à notre esprit français et si nécessaires, comme on dit au lycée, à la rédaction d'un bon devoir. Les voici : l'humoriste ne saisit que le concret, et pour que ses lecteurs le saisissent aussi, il faut que son style parle aux sens, et il y arrive par deux moyens : 1° il individualise jusqu'aux plus petites choses ; 2° il reste aussi près que possible de la nature et rejette tout ce qui la viole ou la trahit.

» Ne me félicitez pas. Le premier moyen, Jean-Paul le révéla, il y a quelque temps déjà, dans sa *Poétique*. L'humoriste, dit-il en substance, ne s'occupe jamais de ce qui est général : le particulier seul l'intéresse. Veut-il exprimer une pensée, celle-là par exemple : « L'homme d'aujourd'hui n'est pas bête, mais pense avec lumière ; seulement il aime mal ? » ne croyez pas qu'il se contente de l'écrire. Il prend un personnage, il lui attribue une nationalité ; bien plus, il le place dans un pays et dans une ville déterminés, à une époque précise, et dans cette ville il trouve une rue pour le loger, et il lui donne une occupation. Il l'introduit enfin dans la vie sensible et nous le montre, pensant en effet avec lumière, mais aimant mal. Jean-Paul remarque d'autres minuties à l'égard des sens. L'humoriste fait toujours précéder ou suivre, pour le mieux expliquer, tout acte intérieur d'un acte corporel, et ne manque point à indiquer les quantités exactes d'argent, de nombre et de grandeur, alors qu'on ne s'attend qu'à une expression vague. Il dit « un chapitre long d'une coudée » au lieu d'« un chapitre très long »; « cela ne » vaut pas un liard rouge », au lieu de « cela » ne vaut rien »; « mon père rougit de six » teintes et demie », au lieu de « mon père » rougit jusqu'aux oreilles. »

» De là aussi, le caractère propre des descriptions humoristiques. Ce ne sont plus les habituelles descriptions, colorées, enthousiastes et banales, avec l'ordinaire bric-à-brac du soleil, des arbres et de l'eau. Il faut de la vérité, il faut en même temps signaler l'aspect comique des choses; il faut enfin une description exacte à la fois et amusante. Vous rappelez-vous celle du vent, au début de *Martin*

Chuzzlewit. Dickens personnifie le vent, il lui prête des sentiments, des intentions ; il le peint rusé, perfide, occupé à jouer de mauvais tours aux pauvres hommes, à les souffleter, à les renverser. Sa fantaisie l'individualise, le change en un géant puissant et bizarre. Mais aussi quelle impression on ressent de cette lecture ! Et il en est toujours ainsi ; les mille forces de l'univers s'animent sous sa plume et s'agitent comme des êtres vivants. Lisez les quelques lignes suivantes : elles vous seront un exemple de cette nouvelle manière de peindre.

« Cependant la matinée était devenue si belle, tout était si gai, si éveillé à l'entour, que le soleil semblait dire. Tom croyait l'entendre : « Je n'ai pas envie de rester toujours » comme ça, il faut que je me montre. » Bientôt en effet il se déploya dans sa rayonnante majesté. Le brouillard, trop timide et trop délicat pour rester en si brillante compagnie, s'enfuit effarouché, et tandis qu'il disparaissait dans les airs, les collines, les coteaux, les pâturages semés de paisibles moutons et de bruyants corbeaux, se déployèrent aussi radieux que s'ils s'étaient habillés tout battant neuf pour cette occasion. Le ruisseau, par imitation, ne voulut pas rester plus longtemps gelé, et se mit à courir vivement, à trois milles de là, pour en porter la nouvelle au moulin à eau (1). »

Cet impérieux besoin d'individualiser ne va pas sans le mépris de tout ce qui n'est pas naturel, car tout ce qui dépasse la nature l'affaiblit ou l'exagère, ne frappe pas les sens, mais les trompe. Arrière les clichés, les truismes ! L'humoriste tantôt s'en moque par la gravité même avec laquelle il les emploie, tantôt il les raille ouvertement, tantôt il souligne leur vétusté ridicule en les accolant à quelque expression originale. Vous pensez bien aussi que tous les monstres fabuleux, dragons, chimères, que toutes les histoires routinières, toutes les légendes, tous les vertueux et mensongers récits, dont il est usuel de se servir au cours de la conversation,

(1) *Vie de Martin Chuzzlewit*, t. I, pages 74, 75.

ne l'intéressent que pour le plaisir de les détruire patiemment, ou d'une ligne.

Ce qu'il veut, ce sont des comparaisons neuves et des images inattendues, qui se gravent dans la mémoire. Il tâche, par rapprochement avec quelque objet matériel, à laisser de ce qu'il peint une vision qui ne s'en ira plus de notre esprit.

« M. Pecksniff, écrit Dickens, était un homme modèle, plus rempli de préceptes vertueux qu'un cahier d'exemples d'écritures (1). »

Et encore :

« M. Pinch pourrait avoir environ trente ans, mais son âge aurait pu varier aussi bien entre seize et soixante : car c'était un de ces êtres hors de la règle commune, qui jamais n'ont à perdre leur premier air de jeunesse, vu que, dès leur bas âge, ils semblent déjà très vieux et font l'économie de la jeunesse (2).

Vous savez mieux que moi combien M. Renard a réussi dans cet exercice difficile. Il est bien l'homme de France qui compte à son actif

(1) *Vie de Martin Chuzzlewit*, tome I, p. 15.
(2) *Vie de Martin Chuzzlewit*, tome I, p. 21.

le plus de ces précieuses trouvailles. Elles abondent dans ses *Histoires naturelles* et dans *Poil de Carotte*. Vous citerai-je ces « peupliers qui se dressent comme des doigts en l'air et désignent la lune (1) », ces lapins les « pattes de devant raides comme s'ils allaient jouer du tambour (2) », la poule « droite sous son bonnet phrygien, l'œil vif, le jabot avantageux (3) » ?

Restent enfin les procédés qui constituent ce qu'on appelle pincer sans rire. Je ne pense pas qu'on puisse en fixer le nombre. Pincer sans rire consiste plus dans la manière dont on exprime des idées que dans les idées qu'on exprime, et plus un auteur aura d'ingéniosité, plus il trouvera de manières diverses de les exprimer.

Laissant de côté la parodie, le calembour et la charge, j'ai relevé chez Dickens, ce maître, les plus caractéristiques. Elles s'expliquent toutes par le goût des contrastes. L'humoriste se plaît à travestir sa pensée. Il dit des

(1) *Histoires naturelles*, p. 27.
(2) *Poil de Carotte*, p. 20.
(3) *Histoires naturelles*, p. 15.

banalités avec un sérieux tel qu'elles paraissent originales, des bêtises comme s'il était convaincu qu'elles sont infiniment spirituelles, des immoralités comme si elles étaient très naturelles.

« Comme il n'est personne, soit dame, soit gentleman, pour peu qu'il ait quelque prétention à compter dans la société des gens comme il faut, qui puisse se permettre de montrer de la sympathie pour la famille Chuzzlewit, à moins de se bien assurer d'abord de l'extrême ancienneté de sa race, on apprendra avec une grande satisfaction que, sans le moindre contredit, elle descendait en ligne directe d'Adam et Ève, et que, vers ces derniers temps, elle avait ses intérêts étroitement liés à l'agriculture (1). »

« Les autorités de la paroisse eurent l'humanité et la magnanimité de décider qu'Olivier serait *affermé*, ou, en d'autres mots, qu'il serait envoyé dans une succursale à trois milles de là, où vingt à trente petits contre-

(1) *Vie de Martin Chuzzlewit*, tome I, p. 1.

venants à la loi des pauvres passaient la journée à se rouler sur le plancher sans avoir à craindre de trop manger ou d'être trop vêtus, sous la surveillance maternelle d'une vieille femme qui recevait les délinquants à raison de sept pence par tête et par semaine. Sept pence font une somme assez ronde pour l'entretien d'un enfant ; on peut avoir bien des choses pour sept pence, assez en vérité pour lui charger l'estomac et altérer sa santé. La vieille femme était pleine de sagesse et d'expérience; elle savait ce qui convenait aux enfants, et se rendait parfaitement compte de ce qui lui convenait à elle-même : en conséquence, elle fit servir à son propre usage la plus grande partie du secours hebdomadaire, et réduisit la petite génération de la paroisse à un régime encore plus maigre que celui qu'on lui allouait dans la maison de refuge où Olivier était né. Car la bonne dame reculait prudemment les limites extrêmes de l'économie, et se montrait philosophe consommée dans la pratique expérimentale de la vie. (1) »

(1) *Olivier Twist*, p. 4.

L'humoriste dit encore des choses d'une grande simplicité, comme s'il avait fallu, pour les découvrir, un extraordinaire effort cérébral ; affirme avec énergie de ces vérités dont on assure qu'elles crèvent les yeux, comme si personne ne voulait les reconnaître ; raconte enfin en badinant les événements les plus sérieux et les plus tristes, et d'une façon assez ambiguë pour qu'une première lecture vous induise en erreur.

« Finalement, vainqueur sur quelques points, vaincu sur d'autres, le résultat définitif fut pour M. Brass qu'au lieu d'être prié de vouloir bien voyager pour un temps en pays étranger, il obtint la faveur d'orner de sa présence la mère-patrie, sous certaines restrictions tout à fait insignifiantes.

» Voici quelles furent ces restrictions : il devait, durant un nombre d'années déterminé, résider dans un bâtiment spacieux où étaient logés et entretenus aux frais du public plusieurs autres gentlemen qui étaient vêtus d'un uniforme gris très simple, bordé de jaune, portant les cheveux ras, et vivant principalement d'un petit potage au gruau. On l'invita aussi à partager leur exercice qui consiste à monter constamment une série interminable de marches d'escalier, et de peur que ses jambes, peu accoutumées à ce genre de divertissement, ne s'en trouvassent avariées, on lui fit porter au-dessus de la cheville une amulette de fer pour lui servir de charme contre la fatigue. Une fois bien convenus de leurs faits, on le transporta un soir en son nouveau séjour, en grande cérémonie, dans un des carrosses de Sa Majesté, en compagnie de neuf autres gentlemen et de deux dames admis au même privilège (1). »

Il faut toujours se défier des phrases écrites par un humoriste. Elles sont à surprise, comme les boîtes, d'apparence tranquille, d'où sort brusquement, quand on les ouvre, un diable ébouriffé. On ne prévoit jamais comment elles se termineront. Une courte proposition, un seul mot, ajouté soudain, en changent tout le sens, ou leur donnent une

(1) *Le Magasin d'antiquités*, tome II, p. 300.

intention qu'elles semblaient ne pas avoir. On ne lit pas les humoristes comme les autres écrivains.

Je crois, mon ami, que l'on pourrait écrire, sur un aussi beau sujet, des paragraphes plus nombreux et plus subtils. Il y aurait de savantes dissertations à composer. Je n'ai voulu vous communiquer que quelques vues... Ne me remerciez pas par une lettre, ne venez pas non plus jusqu'ici... Je pars tout à l'heure pour un petit village d'Auvergne... et là, devant les pics déboisés et les volcans éteints, je mettrai la dernière main aux commentaires sur Longus...

Dii immortales omne malum a te avertant. »

LETTRE D'ENVOI

« Ville-d'Avray, 8 juin 1889.

» Mon cher et vieil ami,

» Des semaines et des mois se sont écoulés depuis votre départ vers la volcanique et pieuse Auvergne, et j'attends vainement de vos nouvelles; à peine ai-je pu savoir de quelques voyageurs que vous viviez encore. Je ne croyais pas que Longus sût vous captiver à ce point.

» Pour moi, désireux, selon vos conseils, d'élever à la gloire des humoristes un durable monument, je m'en suis enfui à Ville-d'Avray, loin des amis du boulevard et des p'tites femmes, et des salons et des théâtres. Félicitez-moi : il m'a fallu beaucoup de courage pour vaincre ma paresse.

» L'air était si tiède, tous les arbres bourgeonnaient ; le soleil caressant jetait sur la forêt de l'or, de l'argent, du vermeil, et les oiseaux sautaient et gazouillaient à perdre haleine... une vraie campagne, enfin, de romance ou d'opéra-comique. Ah! la joie de s'en aller à deux, dans les sentiers en fête, en chantant des refrains langoureux de café-concert, et de s'attarder près d'une source claire sous l'ombre épaisse des chênes, pour de futiles besognes! Hélas! je fus stoïque. Nulle bien-aimée blonde ou brune ne vint troubler du froufrou de ses jupes, de la gaieté de son sourire, de l'aguichement de ses yeux, mes patientes études, et je connus les affres de la chasteté...

» Je connus aussi la sainte beauté du travail, et mon âme ne regrette rien... Cependant, ce que j'avais rêvé ne s'est point réalisé. J'avais rêvé de longues dissertations, avec des paragraphes bien construits et une idée générale qui les commanderait tous. J'avais rêvé quelques articles de chronique scientifique, et même j'avais pensé qu'il siérait d'ajouter aux livres de M. Brunetière sur l'évolution des genres un livre sur l'évolution de l'Humour, et j'ai essayé. Ah ! pauvre cher vieil ami ! qu'avais-je tenté là ? Décidément, les dieux ne me donnèrent pas la plume du critique. Mes proses dogmatiques ne supportaient pas la lecture; elles induisaient à un sommeil profond, et je ne pus même les continuer pour cause de personnelle somnolence.

» Et juin approchait : les bois se paraient chaque jour de mille fleurs, et vers les étangs de jeunes hommes descendaient, le rire aux lèvres, en taquinant des Jeanne, des Suzanne et des Lili. Le bruit de leurs chansons arrivait jusqu'à moi... tandis que le soleil jouait sur mes feuillets, et de toute la forêt une brise parfumée montait, montait enivrante, étouffante. Alors, je me suis repenti d'emprisonner ma jeunesse entre quatre murs désolés, et j'ai voulu au moins tirer de mes heures de labeur quelque plaisir. J'ai renoncé à toute œuvre savante, et me suis amusé simplement à broder sur nos humoristes quelques fantaisies. Je leur dois une fuite plus rapide et plus douce du temps. Que valent-elles, par contre ? Le sais-je? Peu de chose, sans doute, et qu'importe?

» Les voici, lisez-les tout en haut d'un pic solitaire. Le silence et l'immensité conviennent à de telles lectures. »

GEORGES COURTELINE.

Pour Frantz Jourdain.

Ce fut par une claire après-midi de printemps que M. Courteline, vêtu d'un bel habit vert et noir, monta, de ses petites jambes agiles, les degrés de pierre qui conduisent à la Coupole. Le soleil tendre, gai, bon enfant, accrochait des clartés pâles aux vieilles maisons grises du quai, courait le long des parapets, effleurait les vagues clapotantes du fleuve, s'attardait au coin des rues, musardait au creux des statues. Une brise légère et comme parfumée agitait faiblement les premières feuilles et caressait en frissons apeurés les nuques blondes des femmes. Des gamins passaient le nez au vent, les mains dans les poches, en sifflant, et des ouvrières montraient leurs mollets, tandis que des tourlourous, les bras ballants, s'en allaient, traînant sur le trottoir leurs godillots sonores. C'était une journée de printemps que Dieu faisait belle en l'honneur de M. Courteline.

Et M. Courteline, pérorant, gesticulant, tortillant, le cou serré dans sa cravate de commandeur, sa grande et mince épée battant ses jambes maigres, franchit la porte et entra.

Tout le Napolitain était là. Les yeux malins d'Ibels sommeillaient, en souriant; Zo d'Axa, le regard perdu, laissait errer ses mains longues et blanches sur sa barbe fine de mousquetaire; M. Quillard reniflait les odeurs fanées qui flottaient dans la salle : M. Mendès, le dos arrondi, montrait fièrement sa pauvre figure, lamentable copie du Christ, et M. Tailhade rêvait des brocards, sertis de néologismes, contre l'Institut et les corps constitués.

Et parce que M. Courteline écrivit Boubouroche, toutes les petites femmes de Paris, brunes, rousses, acajou, qui trompent leurs maris ou leurs amants, emplissaient les tribunes, avec des froufrous de robes, des grâces d'éventails, des chuchotements de lèvres, des rires à peine réprimés, et tous les maris, tous les amants trompés étalaient aussi aux tribunes la rondeur de leurs ventres, ou dissimulaient la maigreur de leurs anatomies...

M. Courteline parla : il dit sa joie et son humilité, il dit aussi la gloire de son prédécesseur, M. Coppée, et répandit sur les humbles les fleurs de son éloquence, et quand il eut fini, il s'assit humblement, au milieu des applaudissements.

Alors, le vicomte E. Melchior de Vogüé se leva. Les rires s'étouffèrent, il y eut encore quelques secondes un bruissement de paroles, puis elles devinrent des murmures, puis elles s'évanouirent. Un silence curieux sembla descendre du plafond, sortir des murailles, des tribunes, des portraits et semer partout une ombre douce et veloutée. Et beau avec mélancolie, M. le vicomte E. Melchior de Vogüé parla, pour ses ancêtres d'abord et pour lui, pour l'auditoire ensuite, pour la postérité enfin :

« L'Académie, monsieur, en vous recevant dans son sein, a cru juste de réparer une erreur, qu'elle commit il y a deux cents ans, et que des esprits malintentionnés lui reprochent, les uns avec amertume, les autres avec une gaieté pleine d'affectation. Vous êtes le petit-fils de Molière ; M. Mendès, ce vieux mousse échappé au naufrage du Parnasse, l'a dit et répété : il faut le croire. Vous ne succéderez pas seulement à M. Coppée, cette âme d'élite, dont aucun de nous ne peut se consoler qu'elle nous ait quittés ; vous prendrez aussi la place qui ne fut pas donnée au grand poète comique, et ce n'est pas à vous de nous remercier de cet honneur, c'est nous qui sommes vos obligés, puisque vous avez bien voulu nous procurer, par votre naissance et votre talent, l'occasion de montrer, une fois de plus, que nous savons, quoi qu'on en dise, reconnaître nos torts, ceux même dont nous ne sommes pas responsables.

» Vous êtes un homme heureux, monsieur.

Vous êtes tout jeune, et la France entière vous connaît. Romancier, conteur, dramaturge, vous arrivez parmi nous d'un pas alerte, guidé par Rabelais et protégé par l'ombre de Jean-Baptiste Poquelin. Votre âge seul eût pu vous nuire, c'est le seul de vos bonheurs que nous ne vous aurions pas facilement pardonné : vous avez bien fait de nous le cacher, nous aurions peut-être eu la méchanceté de retarder de quelques jours l'immortelle consécration de votre gloire.

» Je l'avoue cependant, l'étude approfondie des écrivains russes contemporains, une illusoire tentative de rénovation du christianisme, les labeurs d'une vie politique agitée, les tristesses de l'heure présente, tout enfin, monsieur, m'avait tenu éloigné de vous et de vos œuvres.

» Je vous connaissais de nom seulement, j'entendais parler de vous en termes élogieux parfois. L'on me disait qu'il n'était personne en France pour avoir à un degré aussi haut le sens du comique, et si puissamment faire jaillir des êtres et des choses le grotesque irrésistible qu'ils renferment tous. Vous seul, parmi des générations désabusées, vous gardiez, paraît-il, la belle gaieté sonore de nos pères, et votre rire gigantesque montait, montait, éclatant, éperdu, au-dessus des longs cheveux des esthètes, au-dessus des robes effusées de leurs compagnes, au-dessus des pâles sourires vieillots des sceptiques, au-dessus des larmes littéraires des pleureurs professionnels. Hélas ! moi, je n'avais pas envie de rire, et je haïssais ceux qui, insoucieux des hontes morales de notre époque et semblables à des clowns, gambadent sur la place publique, en amusant la foule de la folie hilarante de leurs discours.

» Eh bien, monsieur, puisque l'Académie m'avait chargé de vous recevoir en son nom dans cette enceinte, et parce que je suis aussi un homme de conscience, j'ai acheté tous vos livres et je les ai lus. Mon cabinet austère, où sommeillent et m'endorment des livres graves, où s'ennuient et m'ennuient des tableaux sévères, a retenti du bruit de ma gaieté. J'ai oublié durant quelques heures tous les merveilleux souvenirs que j'ai rapportés de mes voyages merveilleux : la Syrie, la Palestine, l'Egypte, Constantinople et la Corne d'Or, Cythère, Chypre et Paphos, Pétersbourg, Moscou et Samarkand, toutes ces visions féeriques dont j'aime à caresser sans cesse les yeux de mon âme, ont soudain disparu. Pour la première fois de ma vie, j'ai passé de longues minutes délicieuses uniquement à rire et à sourire, pour des peintures peut-être trop réalistes et pour des mots vibrants, soldatesques ou populaires. Je n'aurai pas la faiblesse de m'en repentir.

» J'ai désiré alors mieux vous connaître, et j'ai voulu revivre votre vie. Vous êtes né vers 1860 en plein cœur du jardin de la France, dans cette vieille ville de Tours, aux mœurs douces et hospitalières. Vous avez joué dans le square de l'archevêché et couru sur les bords de la Loire; puis la fortune capricieuse vous conduisit à Meaux. Vous rappelez-vous encore le vieux collège où l'on vous enferma? Comme il était tendre et calme ! De grands arbres, que berçait le vent, ombrageaient les murs lézardés ; des moineaux piailleurs sautaient sur les branches, et, quand revenait le printemps, les hirondelles regagnaient les nids construits au creux du toit. Une horloge doucement laissait tomber les heures. C'est là qu'élève indocile, caché derrière une pile de dictionnaires, vous écriviez, dès votre troisième, des vers qu'insérait le journal de Provins. Mais il fallut quitter le collège pour un lycée de Paris. Une fine moustache parait votre lèvre : la patrie bientôt vous réclama le paiement d'une dette sacrée. Vous avez alors, durant plusieurs années, vécu dans les casernes et j'ai ouï dire qu'en récompense de loyaux services vos bras s'y étaient ornés de galons larges et dorés. Un ministère hospitalier vous offrit à votre retour une table vêtue d'un drap vert, une chaise rembourrée, et la tiédeur d'un bureau paisible, où flottaient des fumées de cigarettes. Mais vous brûliez d'un désir fou de liberté. Les pierrots siffleurs, les feuilles vertes, les souffles chauds d'été et les brises alanguies d'automne, les pas légers des femmes et leurs sourires étaient pour vous d'un bien autre prix que les dossiers, les minutes, les circulaires, où votre métier vous obligeait, de ci de là, à jeter quelques regards effrayés.

» Aussi, un beau jour, vous avez salué sans remords et dignement vos paperasses, et la littérature, bonne mère, vous ouvrit ses bras. Vous aviez de qui tenir : votre père, Jules Moineaux, était un homme d'esprit et de burlesque imagination, et je me plais à voir en lui un auteur truculent de tabarinades. Vous aviez hérité de sa verve, et de sa fertilité d'invention. Vous possédiez en outre une facilité d'observation aiguë, vous vous êtes souvenu de vos années de régiment et votre premier livre, *Les Gaietés de l'Escadron*, vous classa du coup parmi les auteurs en vedette.

» Ce n'était que justice. Vous nous aviez rappelé Molière, non le Molière du *Misanthrope* et des *Femmes savantes*, mais le Molière des *Fourberies de Scapin* et du *Malade Imaginaire*, un Molière profond encore, mais d'une fantaisie plus imprévue et plus éclaboussante. Chez vous en effet, comme chez lui, le comique était du même ordre, non d'invention, mais d'observation, et vous choisissiez aussi, pour exciter l'hilarité, des sujets tels que « lorsqu'on vient d'en rire, on devrait en pleurer. » L'armée vous était apparue dure, mauvaise et triste. Les mille et une injustices de la vie de caserne, la grossièreté des hommes, la méchanceté abrutie des sous-officiers, voilà ce qui vous avait frappé.

» Vous nous l'avez dit en des récits amers, navrants, haineux et puissamment comiques néanmoins, avec une force telle que des livres de forme plus violente restent inférieurs au vôtre. Votre rire est plus dangereux qu'une injure. Oui, dégager, avec une vérité impitoyable, tout ce que recèlent d'amusant les situations les plus lamentables, c'est bien la caractéristique de votre talent. Où nous l'avez-vous mieux montré qu'en créant Boubouroche? Comme Georges Dandin, Boubouroche est un malheureux, et nous devrions le plaindre et nous ranger de son côté : pas du tout, ce pauvre être est drôle extraordinairement et nous ne pouvons accueillir

son infortune que par des éclats de rire.
» Aussi, monsieur, — permettez-moi cet aveu — tout en vous admirant, j'ai de la peine à vous aimer. Vous êtes pour moi un de ces écrivains de premier ordre, mais suspects, dont il faut reconnaître les grandes qualités et réprouver le mauvais emploi qu'ils en font. Rien n'est sacré pour vous : votre raillerie attaque et démolit tout ce que nous devrions, au contraire, étayer pieusement. Passent encore les ironies formidables dont vous poursuivez fonctionnaires, employés, propriétaires. Mais l'armée! Ah! monsieur, vous n'auriez pas dû toucher à l'armée. J'ai eu l'honneur d'être soldat durant cette année terrible dont je ne peux sans tristesse évoquer le souvenir, et j'ai versé mon sang pour défendre ma patrie. Je connais, pour l'avoir ressenti, ce noble enthousiasme qui entraîne, aux jours sombres, les plus faibles, les plus indécis, vers les frontières menacées. J'ai vu au plus fort de la mêlée, tandis que les balles sifflaient et que les canons tonnaient, les débris de mon régiment se serrer autour du drapeau, claquant au vent,

pour lui faire de leurs corps une vivante muraille. J'ai compris alors tout ce que ce mot « armée » contenait d'héroïsme, de dévouement, de résignation, de grandeur enfin. Vous, monsieur, vous avez vécu dans les casernes, et le destin complaisant vous a épargné le retour de la guerre et de ses désastres. Vous avez passé de longues journées moroses, à la chambrée, au champ de manœuvres, ne voulant voir — esprit fort que vous étiez — dans les actes de votre existence militaire qu'inutilité et ennui. Pour quelques injures, pour quelques punitions, pour quelques souffrances, que vous n'avez pas su endurer au nom de la patrie, vous avez amassé dans votre cœur des flots de haine, et, perfide ennemi, vous avez attaqué ce que vous détestiez, en mettant les rieurs de votre côté...

» Et je pense à votre illustre prédécesseur. Vous aussi, vous avez peint les humbles. Ce sont des humbles, en effet, n'est-ce pas, ces cavaliers de deuxième classe, roublards, simples et orduriers, ces adjudants et ces capitaines grincheux et rudes, ces conducteurs d'omnibus, automatiques distributeurs de places à l'intérieur et sur l'impériale, ces employés des postes et des télégraphes, qu'un grillage de fer protège contre la férocité du public. Mais voyez comme M. Coppée a chanté les petites gens qu'il découvrait. Il les aimait et les plaignait, il avait, pour chacun d'eux, une larme toute prête, un vers tout rythmé. Il eût compris que l'employé des postes exigeât de lui, bien qu'il le connût, les pièces d'identité nécessaires pour toucher un mandat. Il n'eut pas tendu, par vengeance, au contrôleur d'omnibus, qui refusait d'accepter une correspondance cassée, un billet de mille, pour payer sa place, en demandant la monnaie. Il eût écrit sur le rond de cuir des vers d'une exquise douceur. M. Coppée en effet respectait tout ce qui forme un corps dans l'Etat et représente une force inébranlable. Il payait son terme avec régularité, n'empruntait à personne, évitait toute colère contre sa concierge. Il savait aussi que les administrations sont des rouages indispensables à un pays et que des administrations intelligentes ne peuvent exister.

» Mais si peut-être — car il était aimable — il riait de vos plaisantes attaques contre quelques institutions de notre France, le comique de vos peintures militaires n'amenait pas sur ses lèvres le plus léger sourire. Que de fois des pleurs ont mouillé ses yeux : il sentait toute la puissance de votre talent, il regrettait que vous l'employiez à ridiculiser cette chose sacrée : l'armée.

» Ah ! l'armée, il la chérissait, en vieux grognard chevronné et balafré. Quand un régiment passait, musique en tête, son âme s'enthousiasmait et bondissait, accompagnant de ses battements fous les roulements des tambours et les sonneries des clairons. Cet homme qui ne porta jamais un képi et ne vêtit jamais un pantalon garance, s'en consolait par le bonnet à poil qui emplissait son cœur.

» Est-ce un rêve? Je le vois au 5ᵉ chasseurs. Il ne hait pas l'adjudant Flick, il devine en lui un vieux brave, un peu maniaque, un peu aigri, et il songe que plus tard, quand il sera académicien, il lui fera offrir, au jour sinistre de la retraite, un fructueux bureau de tabac.

Mais, tandis qu'il songe, passe le capitaine Hurluret, ce Vincent de Paul en culotte de peau, selon la belle expression de M. Jules Lemaître. Il oublie de le saluer, il est puni, mais il ne prononce pas un mot de rancune. Il sait que les officiers n'agissent pas sans réflexion et que les quatre jours reçus de son capitaine contribueront au relèvement de la Patrie. Alors il s'en va trouver Lidoire, pour le convaincre de cette vérité, et Lidoire, séduit par l'offre d'une bouteille, écoute en roulant les yeux...

» Ne croyez pas cependant, monsieur, malgré mes critiques que nous vous en voulions beaucoup. L'Académie, qu'on dit une vieille marquise prude et bégueule, a peu hésité, pour donner à l'homme calme et tendre, que fut M. Coppée, un successeur au langage violent, au rire rabelaisien. Elle aime ses enfants égarés, elle se plaît, en de certaines années, à les ramener près d'elle, à les blâmer doucement, pour les habituer ensuite au bon ton et aux belles manières. Prenez donc place avec confiance parmi nous, vous nous aiderez à définir pour le dictionnaire les mots qui nous effraient, et, quand nous nous ennuierons — ce qui arrive — vous nous conterez quelques récits joyeux, qui nous donneront en même temps à penser. »

Alors, comme il avait fini, M. le vicomte Melchior de Voguë promena sur l'auditoire son beau regard triste, et l'auditoire applaudit, respectueux et charmé. Puis la déroute commença, des chaises se renversèrent, des fauteuils s'écroulèrent, des robes sur lesquelles des maladroits marchaient pesamment se déchirèrent, et l'on entendit quelques cris de colère discrète.

Secouant les mains qui se tendaient, embrassant les figures très amies, un peu rouge, riant, raillant, le bicorne de travers, le jabot sali et flétri, M. Courteline se fraya un passage jusqu'à la porte.

Le soir tombait, lentement, avec des coquetteries. Une ombre légère, que paraient encore les dernières lueurs du soleil mourant, s'accrochait aux colonnes du Louvre. Une cloche, dans le lointain, tintait avec douceur. Debout sur le perron, haussé sur les talons, M. Courteline regardait la foule s'écouler, quand, chapeau bas, le corps plié dans une profonde salutation, la main sur la poitrine, un gros monsieur, suant, soufflant, s'approcha de lui, et le félicita.

Et c'était M. Boubouroche, toujours trompé, toujours heureux ; M. Courteline sourit de le voir, dégringola les marches et lui prenant le bras :

— Eh ben, mon cochon ! crois-tu que je leur ai coupé le manillon !

JULES RENARD

Pour Rachilde.

Le petit jeune homme de lettres frappa timidement à la porte ; une voix claire et sèche cria : « Entrez ».

Un crâne tendu, aux cheveux jaunes et clairs, raides et courts ; une tête ronde et grosse ; deux oreilles écartées et pointues ; deux grands yeux gris au regard aigu et froid : près de la fenêtre, enveloppé d'une robe de chambre, penché sur une table, M. J. Renard lisait. Derrière lui des livres, à côté de lui des livres, partout des livres, jaunes, blancs, verts, rouges, alignés, entassés, solitaires. Une lumière paisible glissait à travers les carreaux, et caressait les murs. Comme un parfum de silence flottait dans l'air.

Le petit jeune homme s'arrêta, son haut de forme à la main. Il aurait voulu — tout de suite comme ça, le pauvre — à peine entré dire à M. Renard qu'il l'admirait et l'aimait et le respectait, comme un de ses maîtres les plus chers, les plus nécessaires à la vie de son esprit; il aurait voulu des mots fiers, passionnés, intelligents et riches de sens, et des phrases précises, brèves et nerveuses, et il ne dit rien, rien du tout : il regarda le bout de ses pieds que la crotte salissait, puis la soie de son chapeau, puis le bout de ses doigts, et il attendit, sans impatience, que ça vînt, mais ça ne vint pas.

M. J. Renard leva la tête, ouvrit plus grands ses yeux :

« Asseyez-vous, » dit-il.

Du coupe-papier qu'il tenait à la main, il désigna un fauteuil.

Le petit jeune homme s'assit gauchement,

lourdement, grossièrement, effarant un chat qui dormait et s'enfuit, les lèvres retroussées : kchi, kchi. Et vite, vite, comme s'il avait peur d'arriver en retard, baissant le nez, il dévida tout de même quelques phrases.

« Je suis un pauvre petit jeune homme de lettres, monsieur, et je viens vous voir parce que, paraît-il, il faut aller voir ceux qui écrivent et sont nos aînés, et j'avais envie de vous dire beaucoup de choses, et je ne trouve plus rien. Je suis un pauvre petit jeune homme de lettres, imberbe et point méchant, et je vous prie de me prendre en pitié. »

Il s'arrêta pour souffler, car vraiment il avait parlé sans respirer, et ses tempes battaient.

M. J. Renard daigna sourire. Sans doute le métier de littérateur, pensait-il, devenait un martyre en miniature, puisqu'il fallait subir, par amour des belles-lettres, tant de visites, et de si ennuyeuses, comme celle-ci, et peut-être se vit-il, lui aussi, forcé de tenir séance, une fois par semaine, de cinq à sept, pour offrir du thé et des gâteaux à ces tendres ennemis, les jeunes, en écoutant leurs discours élogieux et menteurs.

Le sourire enhardit le petit jeune homme. Son fauteuil d'ailleurs était commode, doux et moelleux, une chaleur légère emplissait la chambre, les objets commençaient à devenir moins étrangers. S'obstinant par modestie à fixer une fleur du tapis, il reprit :

« Je suis aussi venu, parce que, semblable à tous les Français de 20 ans, je prépare un livre, un livre à 3 fr. 50 c. Que la couverture soit jaune, bleue ou blanche, il m'est égal, mais je veux, avant de mourir, et pour mourir en espérant ne pas mourir tout entier — publier un volume, un volume à 3 fr. 50 cent. sur l'humour et les humoristes.

M. Renard pencha la tête un peu, par intérêt. Il jouait avec son coupe-papier, machinalement, et machinalement aussi des pensées quittèrent ses lèvres, sans se presser, sans s'ordonner, sans se grouper en un beau paragraphe solide et lumineux, pareilles simplement à des gouttes paresseuses qui tombent une à une d'un robinet entr'ouvert.

» Oui... c'est un beau livre... un beau livre à écrire... les humoristes... Ah! pauvres humoristes! Le public ne les aime pas... tendres habitudes bouleversées, tranquillité d'âme détruite... Lui, il aime bien les écrivains faciles à classer, dont il peut de suite décréter s'ils sont drôles ou sérieux... Les humoristes ne sont ni l'un ni l'autre tout à fait. Volontiers, il les prendrait pour des fumistes... des Sapecks, ou des Lemice-Terrieux, mais il n'ose, par crainte de sembler manquer de jugement, et il leur en veut de jeter en son esprit de telles indécisions.

Le petit jeune homme écoutait, respectueusement, mais ça l'embêtait, tout de même... car lui aussi, il avait des idées innombrables et point banales, et il désirait follement placer quelques mots, deux ou trois seulement, mais de ceux qui font en une seconde passer un homme pour moins bête qu'il n'en a l'air. Anxieux il attendait que M. Renard mît un point final à ses phrases, et il attendait en vain et il se lamentait.

M. Renard disait que l'humoriste déteste

tout ce qui est excessif, les larmes trop abondantes comme les rires trop sonores, car rien ici-bas, à ses yeux, ne mérite qu'on éprouve des sentiments d'une violence exagérée. Il faut être digne envers soi-même, et pour conserver sa propre dignité, il faut se montrer plein de réserve dans ses actions et ses paroles. L'humoriste possède ce talent : il remet toute chose au point ; il dit à celui qui rit aux éclats : « Mais non, mon ami, ne riez pas si fort, ça n'en vaut pas la peine ; » il essuie de son mouchoir, sale ou propre, les pleurs des désolés, leur tapote sur le dos, en guise de consolation, et les prie de s'arrêter, parce que leurs larmes n'ont aucune utilité. L'humour consiste à posséder le sentiment du convenable, et à vouloir le donner à autrui, bon gré, mal gré. C'est pourquoi ceux qui en tiennent boutique semblent désagréables ; ils apparaissent comme des empêcheurs de danser en rond. »

Enfin il s'arrêta :

« N'est-ce point votre avis ? » demanda-t-il.

Le petit jeune homme sourit par complaisance.

« Sans doute, dit-il, mais je pense encore autre chose de vous. »

Il réfléchit quelques instants, encore qu'il eût bien avant la porte d'entrée préparé son topo, et soudain, il partit : c'était bien son tour, il se rattrapait.

« Vous êtes avant tout un réaliste, un réaliste d'un ordre spécial, quelque chose comme un parnassien nourri des classiques, et passé, sans s'y attarder, par les soirées de Médan. Vos yeux ne laissent rien échapper : en ce moment, vous m'observez; la manière dont j'avance la main, la manière dont je remue les lèvres, la manière dont je tiens mon chapeau, entre le pouce et l'index, vous sont de précieuses indications sur mon caractère. Tout à l'heure vous observerez votre chat, ou vos enfants, ou ce serin, ou ce bec de gaz qu'on aperçoit à travers la fenêtre. Personne n'entrera ici, sans que vous l'étudiiez; vous ne rencontrerez personne dans la rue dans un salon, au théâtre, sans qu'il pose pour vous, involontairement, au moins quelques instants... Vous ne pouvez pas vivre sans observer, et comme votre observation est aiguë, elle est amère, parce que les hommes, quand on sait voir au profond d'eux-mêmes, ne sont pas de très riches natures. »

Pour un petit jeune homme de lettres, débarqué de province, ça n'était pas mal; ça sentait bien cependant le vieux développement des classes de rhétorique... mais...

Une mouche bourdonnante gesticulait sur la fenêtre, montait, descendait, remontait, cognant le carreau de sa grosse tête noire, éperdue, affolée et têtue. Ils la regardèrent.

« Une histoire naturelle, » fit le disciple. Le maître sourit, et, silencieux, il chercha sans doute, en passant, de quelles images rares il ornerait ses phrases précises, pour épingler sur son album, ailes écartées, pattes tendues, la bestiole bruyante.

Le petit jeune homme le fixa, il voulait une approbation, des compliments, des éloges. M. Renard, hélas! s'était renversé dans son fauteuil, et ses yeux à demi-fermés suivaient au plafond je ne sais quelle vision tendre et vague, et ses lèvres murmuraient et chantaient :

« Je suis l'homme des petits chefs-d'œuvre, des minuscules, minuscules chefs-d'œuvre, qu'on met dans sa poche, ou qu'on oublie dans les boîtes à poudre de riz... Un Benvenuto Cellini... Mais la foule est bête, elle ne comprend pas. Elle adore les romans de cape et d'épée, et les feuilletons du *Petit Journal*, ou les œuvres de M. Rameau. Que lui importent des livres d'une impeccable écriture et d'une exacte observation. La foule est bête, la foule est bête... »

Sa voix devint plus forte. Il s'était levé, et les mains enfouies dans les poches de sa robe de chambre, les pieds traînards, il allait d'un mur à l'autre, le front haut, un sourire méprisant sur les lèvres.

Le petit jeune homme était compatissant : il s'attrista de ces mélancoliques désirs et il s'attendait. Ah! comme il eût voulu connaître M. Renard depuis très longtemps! Il lui eût tapé sur le dos, amicalement, mais fortement. « Allons, allons, mon vieux! en voilà une blague, ce que tu racontes! qu'est-ce qui te prend? » Mais il ne le connaissait que depuis

27 minutes exactement, et il ne put que lui dire ces mots :

« Hé ! vous êtes un maître, vous le savez bien, et nous le savons aussi, nous tous qui vous aimons. Cela suffit. Vous nous apparaissez comme le La Bruyère de cette fin de siècle, vous avez sa précision, sa concision, son amertume, sa loyauté, sa probité littéraire ; comme lui, dédaigneux des coteries et des foules, vous vivez pour écrire des pages courtes et parfaites, et vous n'avez pas besoin du jugement des imbéciles. »

Le petit jeune homme était remonté : il reprit :

» Oui, vous êtes un maître ; vous avez inventé des comparaisons et trouvé des métaphores. Ah ! je vous vois d'ici, les saisir, les attraper, comme un naturaliste chope au vol un papillon qui passe... Hop ! le voilà pris, il le serre entre ses doigts, délicatement, pour qu'il garde ses couleurs, puis le pique sur sa planche. Vous...

Les yeux levés au plafond, M. Renard murmura :

« Chasseur d'images, chasseur d'images... »
Tous deux ils se turent, et peut-être devant
leurs yeux charmés, des êtres passèrent, qu'ils
aimaient, l'un pour les avoir créés, l'autre par
regret de ne l'avoir pu, étant trop jeune.
C'était Poil de Carotte, les doigts dans le nez,
s'en allant fermer les poules, et Tiennette la
folle qui réprimande le Christ. C'était Eloi,
homme de plume, homme du monde, homme
des champs, et c'était Philippe, le paisible
valet de ferme.

Peu à peu, le sourire revint aux lèvres de
M. Renard, sa poitrine se dilata, les ailes de
son nez frémirent, et il railla ses petites rancunes.

« Ah ! oui, dit-il, qu'importe tout ce qui
n'est pas littérature ? Je suis homme de lettres,
vraiment, depuis la plante des pieds jusqu'au
dernier millimètre de mes cheveux, et les
petites choses gribouillées sur des feuilles ou
imprimées dans les livres ravissent mon âme
de civilisé de la même joie que les campagnes
blondes, les bois verts, et les paysans qui
peinent, mon âme de Nivernais rustique. Sem-

blable à Siméon le Stylite, je vivrais avec bonheur, tout en haut d'une colonne, pourvu que des frères compatissants me montassent d'en bas, à l'aide de poulies ou piqués à une perche, des volumes à lire pour toute la journée ».

Il y eut de nouveau un silence, puis une invisible pendule laissa tomber douze coups de son cadran. Alors le petit jeune homme de lettres pensa que, si bien qu'il fût dans ce fauteuil, tout près d'un maître cher, il ne pouvait trop retarder l'heure de son dîner. Il se leva, M. Renard aussi, il balbutia deux ou trois mercis émus, et comme tout de même il était troublé un peu, il marcha sur la queue du chat qui revenait et s'enfuit, il trébucha quelques pas. Ironiquement paternel, M. Renard ouvrit la porte, et doucement le poussa dehors.

Le petit jeune homme se trouva sur le palier, puis descendit. Une joie vaniteuse emplissait son tendre cœur, car il se félicitait d'avoir si bien parlé; même il se frotta les mains de plaisir satisfait. Il ne voyait pas

M. Renard, qui, l'oreille tendue, écoutait,
ravi, le bruit de ses pas s'éloigner peu à peu,
et haussait les épaules, méthodiquement,
lentement, avec un sourire pincé.

ALPHONSE ALLAIS (1).

Pour M. H. Ferrari.

Messieurs,

S'il est une joie bien douce pour un savant arrivé à la fin de sa carrière, c'est assurément de pouvoir encore, avant de mourir, reculer les limites du domaine inconnu de la Science. Ne croyez pas cependant que je vous entretienne aujourd'hui d'une invention nouvelle, d'une de ces découvertes, depuis si longtemps

(1) Mémoire lu à l'Académie internationale des Sciences, en 2203, par M. Adolf. Petherheim, professeur de sciences appliquées au collège d'Europe et membre de l'Institut.

désirées et dont, avant de disparaître, notre génération voudrait magnifiquement embellir l'avenir. Je vais au contraire vous emmener avec moi loin dans le passé, et vous faire connaître un homme, qui fut extraordinaire, bien que jusqu'à présent, je ne sais quel caprice du destin nous ait caché son existence et ses œuvres.

Des travaux exécutés pour les conduites d'eau dans le jardin qui couvre l'emplacement où se trouvaient, il y a trois cents ans, comme l'indiquent les anciens plans de Paris, les rues Edouard Detaille, de Courcelles, et l'avenue de Villiers, ont mis au jour, entre autres choses, une cassette de fer forgé. J'aime, vous le savez, à mes heures perdues, m'occuper d'archéologie : comme j'habite tout près de ce jardin, la cassette me fut apportée. Elle contenait des documents du plus haut intérêt : fragments de livres, photographies, le tout admirablement conservé. Grâce à eux, j'ai pu, durant les loisirs que me laisse mon laboratoire, reconstituer la vie de l'inventeur le plus prodigieux peut-être des siècles écoulés.

Je possède son portrait : la figure est maigre, pâle, fatiguée, triste ; le corps, un peu voûté, dépasse la moyenne ; un mélancolique sourire flotte sur les lèvres. On devine un noble esprit qui, tout en consacrant sa vie aux travaux les plus ardus, ressentait une douleur profonde, à la pensée que jamais il n'arriverait à pénétrer les ultimes secrets de la Science.

Ses livres nous révèlent son nom : il s'appelait Alphonse Allais. A en juger par quelques articles de critique, il fut d'abord un écrivain de talent, qui amusa longtemps ses contemporains. Il avait commencé par fréquenter en un cabaret littéraire, à l'enseigne d'un chat noir, et tenu par un gentilhomme, Rodolphe Salis, qui y réunissait les esprits les plus joyeux et les plus bizarres de cette fin de siècle. Là il passait ses soirées à jouer des airs de trombone, pleins de fantaisie, en contant d'invraisemblables histoires, et tous, bourgeois et artistes, se tenaient autour de lui, bouche béante, pour l'entendre.

Admirable logicien, il déduisait d'un phénomène très naturel, d'un sentiment très simple, des conséquences rigoureuses, bien que tout à fait imprévues. Il régissait en maître absolu le royaume de l'absurde avec les lois de la raison, et, semblable à Spinoza, tenait pour réels tous les possibles ; mais, plus habile que le sévère philosophe, il parvenait à faire partager sa croyance, et ceux qui le lisaient admettaient comme vrais tous ses récits, même ceux qui n'offraient pas la moindre vraisemblance.

Il acquit ainsi de la célébrité : un grand journal quotidien se l'attacha comme collaborateur et les écrits du temps témoignent amplement du succès de ses contes. Un académicien d'alors, complètement ignoré aujourd'hui, lui reconnaissait un entrain extraordinaire dans la raillerie à froid, poussée avec une flegmatique persistance jusqu'aux sommets les plus élevés de la bouffonnerie. Francisque Sarcey, le fameux critique dont on vient de publier en cinquante-six volumes les feuilletons dramatiques, faillit mourir de rire pour avoir entendu un de ses calembours. Jules Lemaître lui-même, ce sage doublé d'un homme d'action, dont la parole à une heure cruelle sauva la France en hâtant la chute de l'enseignement dit classique et en transformant tous les Français en colons casqués de liège et vêtus de flanelle, Jules Lemaître lui-même se plaisait à se reposer de sa providentielle mission par d'aimables causeries avec A. Allais.

A. Allais, pourtant, comprit au bout de quelques années la vanité du rire, et combien il sied peu à la dignité humaine de n'être, durant toute une vie, qu'un acrobate de belles-lettres, même prestigieux. Peut-être traversa-t-il alors une de ces crises, qui bouleversent soudain une âme en lui montrant un but plus haut à atteindre, une crise semblable à celle de saint Augustin et de Pascal dont l'histoire nous a conservé le souvenir : je ne sais, et mes recherches ne m'autorisent à rien affirmer. J'aimerais à le croire cependant. Il vivait à une époque troublée ; l'empire allemand, fier de ses victoires, menaçait toujours la République française, en même temps que la Grande-Bretagne, ambitieuse et perfide, songeait à s'emparer de ses possessions coloniales. Pourquoi n'aurait-il pas résolu, frappé de l'inutilité de ses cabrioles, de contribuer, dans la mesure de ses moyens, au relèvement de sa patrie, tout au moins au maintien de son intégrité et à l'agrandissement de sa gloire?

Quoi qu'il en soit, A. Allais se tourna vers la mathématique et la physique, et consacra les longues années qui lui restaient encore à vivre aux applications qui se peuvent faire des sciences, dans les branches de l'activité humaine. Aidé d'un ami, le captain Cap, ancien marin, esprit fantasque, mais très intelligent, semble-t-il, d'après les quelques pages où il nous est parlé de lui, il se tient au courant de toutes les découvertes, il en fait lui-même, et s'efforce de leur trouver aussitôt une utilisation pratique. Rédacteur, comme je vous l'ai dit, d'un grand journal, il communique deux fois par semaine au public le résultat de ses efforts, accueillant avec faveur toutes les idées qu'on lui soumet, correspondant avec tous les jeunes savants. Il apporta dans ces travaux, en même temps qu'une ardeur de néophyte, ses merveilleuses qualités de logicien, et l'admirable fécondité d'un génie jamais fatigué. Cependant, étonnant effet de l'habitude, il ne put jamais s'empêcher de garder quelque peu la forme fantaisiste qu'il avait adoptée pour ses contes. Ne nous en plaignons pas : il s'adressait à des lecteurs que le style abstrait des pures spéculations eût effrayé et éloigné.

J'arrive maintenant, messieurs, aux extraordinaires inventions dont A. Allais est l'auteur. Soyons honnêtes, rendons à César ce qui appartient à César, rendons à A. Allais la paternité de découvertes attribuées à autrui.

J'aborderai en premier lieu les perfectionnements militaires que lui durent nos ancêtres. Vous savez qu'à la fin du dix-neuvième siècle, alors que les armées permanentes existaient, officiers et savants se préoccupaient vivement de trouver, pour armer leurs troupes, un fusil sans rival. Le fusil Gras, le fusil Lebel, le fusil Mauser avaient été inventés : ils étaient d'un calibre très petit, mais toutes les recherches tendaient vers un calibre encore plus petit, afin de donner à la balle une force de pénétration plus grande. A. Allais y parvint : le premier, il proposa un modèle de fusil dont le calibre était de un millimètre ; c'est-à-dire qu'il remplaça simplement la balle par une véritable aiguille. Dans le chas de cette aiguille, il enfilait un solide fil de trois kilomètres de long, de telle sorte que l'aiguille traversant quinze ou vingt hommes, ces quinze ou vingt hommes se trouvaient enfilés du même coup. Le dernier homme traversé, l'aiguille se plaçait d'elle-même en travers, et voilà en quelques secondes des bataillons, des régiments entiers ficelés et empaquetés. Je ne vous rappellerai pas que munis de cette arme les Anglais conquirent toute l'Afrique centrale ; mais, étrange oubli, personne ne connaissait encore le créateur de ce redoutable engin de destruction.

Quelques mois plus tard, A. Allais proposait de remplacer les pigeons par des poissons pour le transport des dépêches, et de constituer des régiments de culs-de-jatte. Au siècle dernier des essais furent tentés qui eurent d'excellents résultats. Les poissons accomplirent admirablement leur office de postier. Quant aux culs-de-jatte, installés sur de petits véhicules automobiles, aux roues garnies de pneus, et mus par un gaz tout spécial créé par un chimiste du nom d'Armand Silvestre, ils rendirent les plus grands services, jusqu'au jour où le désarmement universel fut décrété et exécuté.

Le problème de la navigation aérienne intéressait aussi vivement A. Allais. Je ne vous parlerai pas d'une nonuplette allégée par un ballon, due à l'esprit fertile du captain Cap. Je crains — comme A. Allais lui-même — que le captain Cap ne se trompât sur la valeur de cette machine, à moins qu'il n'abusât de l'ingénuité de ses concitoyens. Mais une idée de notre savant, dont il n'y a encore eu aucune application, me semble merveilleuse. Aujourd'hui chacun de nous peut, soutenu par deux ailes légères d'aluminium, que met en action un petit moteur à pétrole, s'élever dans les airs. Bien avant nous A. Allais avait obtenu cette lévitation, en supprimant tout appareil. Une nuit, en mer, un steamer anglais coupa en deux le vaisseau qui le portait. A. Allais nagea quelques heures, puis perdit toute force et se laissa couler. Mais voyez comme il savait conserver dans les moments les plus critiques toute sa lucidité de logicien. Du talon de sa botte, il détacha de la coque du brick un bout de fer : il l'émietta dans ses mains — car il était doué d'une force herculéenne — et l'avala. Il empoigna ensuite une des touries naufragées d'acide sulfurique, et en but quelques gorgées. Or, messieurs, une loi connue de tous, c'est que le fer, l'eau et un acide, mis en contact, dégagent de l'hydrogène. A. Allais n'eut qu'à fermer la bouche : au bout de quelques secondes, gonflé du précieux gaz, il regagnait la surface des flots. Il avait cependant mal calculé la poussée des gaz — on ne saurait le lui reprocher, car le fond de la mer ne constitue pas un parfait cabinet d'études. Il fut donc enlevé dans les airs, au lieu de surnager. Ravi de cet incident imprévu, il parcourut ainsi quelques kilomètres : puis, au petit jour, fatigué d'une promenade déjà longue, il entr'ouvrit légèrement un coin des lèvres : un peu d'hydrogène s'évada, et bientôt, par des exhalaisons continues, il retombait doucement à terre. Il avait conquis véritablement le royaume du ciel. Il ne réussit pas d'ailleurs à tirer profit de cette inespérée victoire scientifique. Le gouvernement, incrédule comme toujours, lui refusa son appui, bien que les rapports si tendus de notre pays avec l'Angleterre lui fissent un devoir de prendre en considération une découverte qui, utilisée dans les combats navals, eût permis de châtier à jamais l'insolence de cette jalouse nation.

Rien, messieurs, ne laissait cette intelligence d'élite indifférente. Tout le passionnait. Ne vous êtes vous jamais demandé comment disparut cette fameuse Tour Eiffel, de trois cents mètres, qu'en un moment de folie les Parisiens élevèrent au cœur de leur ville ? A A. Allais revient l'honneur de l'avoir enlevée du Champ de Mars. Sur sa proposition, elle fut renversée, et plantée dans un terrain vague de la banlieue où des fouilles sans doute en remettraient au jour quelques débris. Toujours d'après ses plans, elle fut enveloppée d'une couche d'imperméable céramique. On obtint ainsi un ensemble parfaitement étanche. Des robinets établis dans le bas la remplirent d'eau. Cette eau devint rapidement ferrugineuse ; la municipalité la distribua gratuitement aux Parisiens anémiés. Par là s'explique enfin ce phénomène jusqu'alors incompréhensible : la subite vigueur des habitants de Paris vers l'an 1925.

J'aimerais encore à vous exposer le tour de force surprenant qu'il exécuta en transformant une vallée de la Nouvelle-Galle du Sud en un billard gigantesque, ou l'ingénieux expédient par lequel il écartait des théâtres tout danger d'incendie, ou son génial projet de prévenir toute tempête, en répandant dans l'océan assez d'huile pour le recouvrir de la très mince couche oléagineuse qui suffit à rendre les flots inoffensifs. Le temps me presse, hélas, et je veux, avant de terminer, accomplir une œuvre de justice.

Il y a cinquante ans, messieurs, un homme acquit une gloire universelle en soumettant à l'Académie des Sciences un système d'éclairage par les vers luisants. L'industrie s'en empara aussitôt et paya à celui qui s'en disait l'auteur des sommes considérables pour jouir de l'exclusive propriété.

Je ne sais si, plus heureux que nous, cet homme, dont vous devinez le nom, connut les livres de A. Allais : je voudrais ne pas le croire. Cependant A. Allais développa longuement cette idée, et le mémoire présenté à l'Académie il y a un demi-siècle me paraît terriblement inspiré des écrits de l'illustre mort.

Je détiens en effet, messieurs, deux articles dans lesquels A. Allais expose, avec force détails, ce procédé si curieux d'éclairage. Lui aussi, frappé des clartés dégagées par les vers luisants, avait songé à développer de plus en plus le foyer lumineux chez ces intéressants animaux par une culture prolongée. Il possédait au bord de la mer, près du Havre, un immense champ d'expérience, où il élevait et dressait des sujets, et il obtenait des effets lumineux d'une intensité si remarquable qu'il éclairait de cette seule manière ses appartements et ses jardins, les jours de grande fête.

Que décider, messieurs? Faut-il formellement accuser celui dont je tais le nom, de n'être qu'un plagiaire, un voleur? Les preuves sont-elles suffisantes, et la même idée ne peut-elle germer dans deux cerveaux différents? Je crois ne pas aller trop loin en affirmant que tout l'honneur de cette invention revient à ce grand méconnu; pardonnez-moi mon émotion. Je ne peux m'empêcher de m'affliger, à la pensée qu'il mourut peut-être dans la misère plus profonde, alors qu'il venait de faire une découverte qui l'eût illustré et enrichi, si elle avait été appliquée, en même temps qu'elle eût apporté à ses contemporains les avantages économiques les plus précieux.

Voilà, Messieurs, ce que je tenais à vous dire. J'ai peut-être abusé de votre patience; je ne m'en repens pas, puisqu'il m'a été possible de restituer à un homme, jusqu'alors inconnu, la place qu'il mérite parmi les princes de la

Science. Ah! messieurs, nous ne saurions trop nous préoccuper du passé. Le temps oublieux laisse dans l'ombre bien des trésors : à nous, soucieux de toutes nos gloires, de les retrouver; car s'il nous paraît noble de rendre, grâce à la science, l'avenir plus souriant, il n'est pas moins beau de pénétrer dans la nuit du passé, et, semblable au mineur qui vole à la terre ses richesses, de lui arracher les secrets qu'il cache si jalousement. C'est réaliser une œuvre utile et juste, et je mourrai heureux, si j'ai pu jeter en vos cœurs le désir de nous libérer dignement de la dette de reconnaissance infinie que nous avons contractée envers A. Allais, sans le savoir.

ALFRED CAPUS

Pour René Doumic.

M. Capus pleurait de petites larmes puériles...
La nuit commençait à tomber, sans hâte, paresseusement, s'attardant à estomper les murs et les meubles d'ombres douces et timides. Nul bruit : drapé d'étoffes à fleurs, le piano s'apprêtait au sommeil, et les bibelots des guéridons ou des consoles semblaient prendre pour se délasser des poses moins précieuses. Une lampe frêle jetait au milieu du salon une lueur faible et tremblotante. Un journal froissé, déchiré, boudait sur le coin

de la table, dressant vers le plafond les pointes menaçantes de ses feuilles meurtries.

M. Capus pleurait de petites larmes puériles...

Qu'avait donc M. Capus? quelque mal physique — odontalgie, céphalalgie, otalgie, podalgie, xylostomie — ou quelque souffrance morale, douleur de se sentir un homme de péché, douleur de connaître la noirceur de son âme, et les supplices infernaux qui l'attendent, ou douleur plus grande encore de voir la France divisée, et toute revanche à jamais illusoire...

M. Capus pleurait de petites larmes puériles. Assis sur le canapé, il pleura longtemps, longtemps, bercé par le tictac enfantin d'une vieille horloge. Puis soudain, il se leva, saisit d'une main presque folle le journal déjà maltraité, le roula, le tritura, le réduisit en boule difforme, puis le lança dans la cheminée.

Et M. Capus exhala sa colère.

« Nom de nom, j'en ai assez. Encore un canard qui m'appelle auteur gai, humoriste, ironiste, pince-sans-rire... Quelle salade!... et d'abord je ne suis pas un auteur gai, je ne suis pas un humoriste, je ne suis pas un ironiste, je ne suis pas un pince-sans-rire : je suis M. Capus.

» Quel crime ai-je donc commis qui mérite semblable châtiment? Oh! sans doute, j'écris en des quotidiens des notes rapides sur les faits du jour. Un pauvre meurt-il pour avoir été secouru par l'Assistance publique, une prison luxueuse s'ouvre-t-elle pour abriter les villégiatures forcées des voleurs et des assassins : vite, un court dialogue, ou bien un petit monologue... Style simple, réflexions simples, un mot de la fin... et ça y est, mais ça n'est pas fameux, ah! certes non!... M. Prud'homme, après dîner, en ferait tout autant. Certains néanmoins proclament que je souligne à merveille dans ces articles l'ironie de tout événement caractéristique de notre époque, et que ma raillerie brode un délicieux et preste commentaire de l'actualité. Bien aimables, et peu difficiles, ces messieurs. Hélas! s'ils me voyaient à l'œuvre! Il faut vivre, et ces petites choses, je les exécute pour vivre, en cinq sec, en voiture, au café, en wagon, et neuf fois sur dix j'offre des ratés au bon public gobeur. Et là-dessus pourtant s'édifia ma réputation, « Ah ! oui, M. Capus, dit-on, celui qui « fait de l'humour » au *Figaro* et à l'*Echo* ». Hélas ! hélas ! hélas ! »

M. Capus leva les bras au ciel et se rassit. Il ne pleurait plus, ses glandes étaient sèches. Une tristesse profonde emplissait son cœur et l'assombrissait. Il lui semblait qu'il avait eu de belles ambitions, tenté de grands efforts pour les réaliser, et qu'une lugubre fatalité le retenait au sol, et que personne ne le comprenait et ne le comprendrait jamais. Il regardait vaguement autour de lui, et les objets familiers qui l'entouraient irritaient ses yeux et son âme, comme des témoins fâcheux d'intimités qu'il ne convient pas d'exhiber.

« Et pourtant, dit-il, la voix un peu voilée, j'ai publié des romans, et des romans pleins de talent. »

M. Capus se tut un instant. Une mouche affolée voletait autour de la lampe; il l'observa durant quelques secondes. Mais son irritation oublia de cesser, et il reprit :

« Mes œuvres sérieuses, mes belles œuvres, celles que j'ai longuement enfantées, où j'ai mis le meilleur de moi-même et tout moi-même, ne contiennent pas un soupçon d'humour : je reste cependant pour le public un humoriste, un auteur gai, un ironiste, un pince-sans-rire, je suis le monsieur qui fait de l'humour, comme mon concierge est le monsieur « qui fait les courses et tout ce qui se présente ».

Alors une manière de folie saisit M. Capus. A grandes enjambées, il allait à travers la chambre, heurtant les fauteuils, bousculant les chaises, pestant, sacrant, montrant le poing à d'invisibles ennemis :

« Non, non, je le crierai, je le hurlerai, je suis un réaliste et rien qu'un réaliste, ni amer, ni gai, ni moral, ni immoral, ni ibsénien, ni tolstoïen, un réaliste simplement. Je regarde attentivement, mon œil perçant ne laisse rien échapper, je vois clair, et je dis clairement ce que je vois, sans délayage, sans recherche, sans ironie surtout et sans raillerie. Mon vrai père s'appelle M. Lesage, celui de Gil Blas.

« Que diable! je sais bien ce que je vaux. J'aurais pu, moi aussi, conter des histoires drôles, assaisonnées d'esprit, de fantaisie, critiques amusantes et amusées des petits mondes qui composent Paris. J'aurais pu, moi aussi, me glorifier d'une *Passade* ou d'une *Maîtresse d'Esthètes*, si je l'avais souhaité. Je n'ai voulu peindre que la réalité, humbles existences de petits bourgeois, existences tourmentées de coulissiers, de banquiers, efforts douloureux et vains de jeunes gens qui débutent dans la vie et chassent à l'argent, des histoires très simples, en somme. Une femme intelligente et jolie, désireuse d'une vie calme et sûre, qui aime bien son mari et n'hésite que brièvement à commettre quelques actes charnels, pour lui gagner la fortune qu'il perdait à la Bourse : voilà *Qui perd gagne*. Un bon garçon, pauvre, faible, plein d'illusions, et marié à une gentille fille, qui cherche une position stable, et de professions bizarres en bizarres professions finit par diriger une usine à la campagne : voilà *Années d'aventures*. Sont-ce là des sujets humoristiques ? Mais non, ce sont des événements de tous les jours. Je connais des centaines de ménages semblables à celui d'Emma la blanchisseuse, et de Fayolles l'agent de publicité; je connais mille jeunes hommes de l'espèce d'André Imbert.

» Hélas ! parce que j'accepte avec philosophie les saletés incessantes de la vie, parce que je les raconte avec tranquillité, puisqu'elles sont indispensables, il paraît que je me livre à des fantaisies ironiques, et que mes livres se parent d'un sourire-railleur. Et pourtant je conte avec exactitude et lucidité ce que j'ai vu, et j'ai vu que les hommes ne sont pas malhonnêtes parce qu'ils le veulent, mais parce qu'ils ne se peut pas qu'ils ne le soient. Comme si les saletés morales ne constituaient pas un des éléments nécessaires de la vie, comme si nous pouvions vivre sans elles! Quelle ironie y a-t-il à montrer toute nue cette vérité? Même les personnages comiques de mes romans ne le sont pas, parce que je le veux : le monde abonde en acteurs risibles par eux-mêmes, par leurs actes, par leurs paroles; je me contente de les peindre tels qu'ils m'apparaissent. »

M. Capus de nouveau s'écroula sur le canapé.

« Mais non, mes romans ne comptent pas. Je suis sans doute le seul réaliste de mon époque, car j'ai fui le naturalisme de Médan, le pessimisme de mes cadets, la prétentieuse écriture des nouveaux venus, le parisianisme des auteurs à la mode, me bornant à représenter le réel, simple, tel qu'il est, dans un style simple. Mais bast! quelques esprits légers m'ont classé parmi les ironistes; je porterai toute ma vie cette odieuse étiquette. »

Trois coups discrets, une porte entre-bâillée, un bras, un pied, une tête : un vieil ami, jadis littérateur, aujourd'hui député, entrait.

Le dos voûté, la tête un peu inclinée à droite, son lorgnon se balançant sur le veston entr'ouvert, il fit quelques pas, tendit la main, puis s'assit.

« Qu'avez-vous? dit-il; vous me semblez morose. »

D'un air dolent, M. Capus, les yeux baissés, conta ses ennuis.

L'éternel sourire, que des idées et des batailles nouvelles n'avaient pu rendre grave, fleurit les lèvres du représentant.

— Que tout cela me paraît vain! fit-il. Qu'importe qu'on vous appelle humoriste, réaliste, pince-sans-rire ? Dans cinquante ans, qui de nos petits-fils se souviendra de nous? On ne saura peut-être même pas que nous avons existé. Alors quoi?

» La littérature ne mérite pas qu'on s'attriste à cause d'elle. Un simple joueur de flûte vivra plus longtemps que nous. Mon ami, il vaut mieux s'occuper de comestibles, de cotonnade ou des affaires de l'Etat. Tenir en politique un rôle important, prendre part aux luttes qui se livrent pour ou contre le gouvernement, c'est assurer à son nom une durée certaine. L'histoire ne collectionne pas seulement les faits, elle collectionne encore les états civils de ceux qui les créèrent ou les dirigèrent. Faites comme moi : assurez votre immortalité. »

Les yeux écarquillés, la bouche ouverte, M. Capus écoutait.

Il eut un haussement d'épaules désabusé.

« Si par hasard, dit-il, je suivais votre conseil, on me traiterait de politicien humoriste. Dieu le veut : c'est écrit. »

Le vieil ami se leva pour partir.

« Vous savez combien je vous estime. J'ai dit souvent du bien de vous, et je le pensais. Aujourd'hui je veux votre bonheur et votre tranquillité : imitez-moi. »

Une tête dans les épaules, un pas traînard, une main qui saisit le bouton de la porte... Le vieil ami disparut. Et comme M. Capus, plus triste que jamais, s'en revenait vers le canapé hospitalier, une voix lui cria de la chambre voisine :

— Dis donc, Alfred, je te rappelle qu'il faut envoyer ce soir au *Figaro* ta fantaisie humoristique. »

GEORGES AURIOL

Pour Mme L. Lambert.

C'était tout en haut, tout en haut de Montmartre, près d'une vieille petite église, sur une petite place froide, où de vieux arbres frissonnaient et semblaient pleurer, un tout petit café. Et dans ce petit café il y avait, assis à une table, un petit homme, à la barbe blonde et bien taillée, aux bons yeux doux, coiffé d'un petit chapeau noir, amolli, ramolli et démoli. Il fumait, en penchant la tête un peu, une grosse pipe de merisier d'où fuyaient, éperdues, de grosses bouffées blanches; il les regardait avec un sourire tendre monter, gambader et s'évanouir.

Une lampe au ventre rebondi jetait au milieu de la salle carrelée une grande tache claire. Le poêle ronronnait. Sur une chaise, l'aubergiste sommeillait, et, digne, son épouse, dans le comptoir, lisait le *Petit Journal*. De belles gravures guerrières ou pacifiques ornaient les murs : entourés de drapeaux multicolores, M. Faure et le Czar saluaient, en se donnant le bras, une foule invisible ; plus loin, des soldats montaient à l'assaut, brandissant leurs képis, agitant leurs armes ; et tout à côté une petite femme, vêtue à la manière économique des pays chauds, présentait à de jeunes hommes monoclés et guêtrés un paquet de feuilles de cigarettes, avec un geste prophétique. De temps en temps le petit homme portait à ses lèvres un verre, plein d'un liquide blanc, claquait de la langue, reposait son verre et se frottait les mains.

Et soudain voici qu'ayant tiré une bouffée plus épaisse que toutes les autres, le petit homme cligna des yeux, secoua la tête, puis s'endormit, et la dame du comptoir l'imita. La pipe tomba à terre, le verre culbuta. Au dehors le vent soufflait et, rageur, venait battre et secouer les auvents Alors le petit homme se mit à rêver, à parler, à divaguer, et sa voix grasseyante dit ces choses :

« Comme je suis bien ici ! Hou, hou, hou ! Ah ! tu peux souffler, siffler, ronfler, vent maudit : je me moque de toi. Entre ces quatre murs bas et étroits, il me semble dormir dans quelqu'une de ces tavernes chaudes et grises de Belgique, où les patrons se glorifient de noms drôles et sonores, où l'on boit du genièvre si bon, en fumant des pipes si culottées, en écoutant des histoires si amusantes. Cet aubergiste doit avoir une âme simple, et cette imposante dame aussi. Comme ils dorment profondément ! Heureux, bienheureux couple ! mille habitudes paisibles, docilement héritées de vos aïeux, ont réglé tous vos mouvements, toutes vos paroles, et votre vie s'écoule, calme et tendre, entre les bouteilles multicolores de ce comptoir et les draps blancs de votre lit. Ah ! mon âme, à moi aussi, est simple, douce et tranquille, et j'aime tout ce qui, semblable à elle, est tranquille, doux et simple.

» Vous direz comme moi, n'est-ce pas ? petites filles blondes, petites poupées pâles, qui jacassez avec effronterie, ou balbutiez timidement dans mes contes hebdomadaires ; et vous de même, doux maniaques, doux indécis, petits hommes ronds aux cheveux rares qui jouez d'interminables manilles, fumez d'innombrables pipes, et buvez d'intarissables bouteilles de pale-ale... Non, en vérité, ils ne me contrediront pas. J'ai ouvert, avec délicatesse, la boîte de leur crâne, et j'ai regardé, curieusement, ce qui pouvait s'y cacher. Je n'y ai rien vu, ou presque rien : c'étaient des têtes légères et vides, sans soupçon de cervelle. Seuls quelques fils blancs couraient, serpentaient, en s'entrelaçant, et j'ai cru y reconnaître les ficelles qui font remuer les bras et les jambes des pierrots et des polichinelles. Même les petites femmes perverses, si grassouillettes, si potelées, si vives, dont j'ai chanté les erreurs et les gamineries, elles me sont apparues avec les gestes menus et innocents d'insoucieuses et d'inconscientes enfants. Oui, oui, oui, rien de ce qui est naïf ne m'échappe. Les petites miss, aux grands yeux bleus et volontaires, me confient avec des fautes savoureuses de français le secret de leurs hardiesses, et leurs frères, vous savez, ceux qui portent des habits à carreaux, et plantent dans leur bouche des dents si terriblement jaunes et longues, ils se déshabillent pour moi, moralement : aôh, my dear, ce était seulement de grands babys géants.

» Aussi, parce que j'aime les simples et les frêles, je ne m'étonne pas d'aimer ce qui est vieux. Les âmes des vieilles petites gens qui s'en vont le dos voûté, en branlant la tête, les airs surannés, les meubles rococo, les robes démodées ont quelque chose d'enfantin, de puéril, qui pare mes lèvres nicotinées d'un sourire ému. J'ai démonté, sans les casser, le cœur des vieilles pendules des siècles écoulés, que le temps a poudrées de gris aux étalages des antiquaires, comme celui des statuettes, des estampes qui se tiennent autour d'elles en des poses précieuses. Sous ma plume, — telles de grandes personnes, — elles ont esquissé des révérences cérémonieuses, elles ont bavardé de leur voix cassée et tremblotante, elles ont risqué des pas de menuet, et, la main sur la poitrine, les yeux baissés, les joues rougissantes, elles ont murmuré des paroles d'amour galant. Puis j'ai mis un point final à leurs discours et à leurs mines; elles se sont évanouies, comme des cendres ténues, sur lesquelles un souffle passe. Que voulez-vous ! je me grise des parfums du passé, avec la même joie que d'un verre de shidam... Je suis talentueux. »

Le poêle chantait moins fort, le vent s'apaisait. L'aubergiste sommeillait, et des lèvres de sa femme un léger ronflement s'enfuyait. Le balancier de l'horloge tictacait avec monotonie. Le petit homme se tut un instant. Puis, comme il ouvrait la bouche, une voix aigrelette, railleuse, agaçante perça la cloison.

« Tais-toi, tais-toi, petit homme. Un peu de modestie, s'il te plaît. Et quoi ! tu n'as pas honte de te couvrir de fleurs si éclatantes ? Et que fais-tu ici, à une heure si tardive ? Ne devrais-tu pas avoir suspendu ta pipe à ton râtelier, bu la dernière goutte de ton verre, et puiser dans un sommeil profond des forces nouvelles — car tu en as besoin. Mais non, tu préfères jacasser tout seul, dans ce vieux café perdu, et demain tu viendras nous parler de pale-ale, de stout, de whisky, de gin, de genièvre, de sherry-gobler, de brandy, de cocktails, et tu nous diras que tu t'es assis sur des rocking-chair, avec des captains anglais, en écoutant des miss et des mistress à figure de Keapsake, ou regardant de petites bonnes flamandes aux pas silencieux. Ah! ah! quel décor et quels accessoires vas-tu nous tirer de ton magasin, marchand de bric-à-brac?

» Tu souris, tu te fiches de moi, et tu penses tout de même que tu as bien du talent et du charme, et que vraiment avec ton style bonhomme et ton amour des êtres simples et antiques, tu appartiens à la bonne vieille école des conteurs provinciaux, lorrains, picards, limousins ou alsaciens, comme moi qui te parle. Malheureux, nous sommes sincères, mais toi, tu te moques de tout le monde, et sans remords. Ta seule joie c'est de barbouiller en noir de grandes feuilles blanches, et d'aligner les jambages, les pleins, les-

déliés d'innombrables lettres, et les héros de tes récits, tu ne les aimes que parce qu'ils t'amusent. Pauvre captain Cap ! l'as-tu assez raillé, ce fabuleux coureur de fabuleuses aventures ! et Hans Borg de Trumsoe, qui fumait de si extraordinaires cigares ! et Marie Kouarec, qui tenait sur le port de Loctudy un cabaret graisseux, où l'on buvait du gin ardent si estimé ! Ils ont été les grands jouets de ton âge mûr, mille fois plus divertissants, et mille fois moins incassables que les soldats de plomb, les chevaux de bois, les pistolets de paille dont s'égayait ta toute enfance. Tu ne les as chéris que pour le plaisir qu'ils te donnaient, égoïste, égoïste !

» Sans doute, tu as laissé à d'autres le terrible fouet à sept nœuds de la satire, tu as fui les colères furieuses des grands chevaliers de vertu, évité les larmes trop abondantes des désabusés et l'amertume des misanthropes. Tu as allumé ta meilleure pipe, tu t'es versé un verre de gin, tu as caressé ta barbe blonde, tu t'es assis devant ta porte et, ravi comme un moutard devant le Guignol, tu as regardé les passants, notant impitoyablement leurs tics, leurs ridicules, leurs manies. Oui, ton ironie est douce, légère, rieuse, mélancolique parfois, comme celle d'un vieil enfant qui s'amuse au spectacle divers du monde. Elle n'en est que plus aiguë, elle n'épargne même pas ce dieu redouté, le lecteur.

» Le pauvre ! Comment ! le rouge ne te vient pas au front, ou aux joues, de lui conter des histoires si minces, si insignifiantes ! C'est comme une gageure : un petit sujet de rien du tout, si petit, si petit, qu'à peine on l'aperçoit. Mais tu monologues, tu soliloques, tu dialogues à toi seul, tu t'interroges, tu te réponds, tu menaces, tu piques des points dans les nuages bleus des pays sentimentaux et lyriques. Tu gambades, tu gambilles, tu gesticules, tu gigues, tu te disloques, tu te désosses en étourdissements, en affolements. Ah! tu es le Foottit de l'amour, mais tu ne l'es pas sans motif : ta courte histoire, si courte, si courte, se glisse ainsi, et passe sans qu'il ait le temps de railler sa petite taille ridicule. Et le lecteur est volé, sans même le deviner. Et toi, beau drille, le tour joué, tu éclates de rire dans la coulisse. »

La voix soudain se tut. L'aubergiste et sa femme avaient disparu, je ne sais où, je ne sais comment. Maintenant le vent caressait presque la porte. L'horloge s'était arrêtée, et le feu s'éteignait. Comme surprises et attentives, les images des murs semblaient sourire et se pencher pour mieux entendre, et peut-être pensaient-elles qu'elles assistaient à un spectacle bien surprenant.

Le petit homme sursauta, se frotta les yeux :

« Ah ! ça, fit-il, qui donc jabote si fort et si vite. Mes oreilles sont lasses, et ma tête est brisée. »

Il y eut un instant de silence, et la voix murmura : « Erckmann-Chatrian ».

PAUL MASSON

(CONTE DE PARADIS)

Pour Edmond Sée.

A peine l'âme de M. Paul Masson quittait-elle sa méprisable enveloppe corporelle, que, se hâtant le plus vite possible de ses vieilles jambes fatiguées, suant, soufflant, le grand saint Pierre, portier des divines demeures, s'avança vers le trône céleste, et dit, la voix tremblante et basse :

« Seigneur, Seigneur, il est là, à la porte, qui demande à entrer et se fâche parce que je n'ouvre pas ! »

Et Dieu le Père, redressant sa belle tête blanche :

« Qui ça? fit-il. »

Saint Pierre approcha de quelques pas, roula des yeux effrayés, porta sa main à ses lèvres pour rendre plus secrètes ses paroles et murmura :

« Lemice-Terrieux, Seigneur, Lemice-Terrieux ! »

Dieu le Père fronça les sourcils, et, pour cacher son ennui, caressa lentement sa barbe de neige; le Saint-Esprit, inquiet, battit de l'aile, la Sainte Vierge se signa, et, les Anges, les Archanges, les Dominations et les Séraphins laissèrent pencher vers le sol les lis flexibles et frêles qu'ils tenaient entre leurs doigts... mais l'Enfant Jésus, souriant, frappa ses menottes l'une contre l'autre et dit :

« Faites-le entrer. »

Alors, le dos voûté, saint Pierre s'en alla, hochant la tête et agitant son gros trousseau de grosses clefs; et bientôt l'on vit au bout de l'allée vaporeuse un homme petit, aux yeux étroits, à la figure maigre, à la barbe pointue et roussoyante. Un sourire triste, amer et railleur flottait sur ses lèvres desséchées. Il marchait à travers les nuages sans s'étonner, et ni les étoiles vertes, bleues, rouges, ni les arbres immenses aux fleurs éclatantes, ni les musiques douces infiniment, ni les chants de gloire, ni les Saints et les Saintes agenouillés et prosternés, n'arrêtaient ses regards. Tranquillement, il venait, le chapeau de travers.

Il resta debout, salua, toussota et attendit. Silencieux, Dieu le Père l'observait, et l'Enfant Jésus lui envoyait des risettes, tandis que les Bienheureux le contemplaient avec affliction.

Au bout de quelques minutes, le Très-Haut prit la parole :

« Mon fils (car tu es mon fils, puisque tu péchas), pourquoi veux-tu entrer violemment dans notre Paradis, et irrites-tu notre bon Pierre par ton obstination? Le royaume des cieux ferme ses portails d'or aux fortes têtes et aux farceurs. »

M. Paul Masson ne rougit pas, il ne pâlit pas non plus. Il s'inclina :

« Seigneur, je n'ai ni assassiné ni volé ; les grands scandales de l'époque révélèrent mon honnêteté ; je n'ai rien touché dans le Panama et rien dans les Chemins de fer du Sud. Je vivais très simplement dans une vieille maison du Boul' Mich', m'occupant avec zèle du catalogue de la Bibliothèque nationale et rédigeant quelques proses anodines à mes heures de liberté. Les voluptés charnelles me dominèrent rarement, car je souffrais de l'estomac et le médecin me défendait de connaître le sexe. Je ne suis pas une forte tête, je suis un juste ; je ne suis pas un farceur, je suis un sage.

— Malheureux, répliqua le Seigneur en levant les bras, malheureux ! avec quelle indulgence tu te juges ! Mais tu as passé toute ta vie à railler ; tu n'as rien respecté, pas même la bêtise humaine ! »

M. Paul Masson se permit un sourire.

« Pécheur, pécheur endurci qui te glorifies de tes péchés, susurra la sainte Vierge en se penchant vers lui.

— Ange gardien, commanda Dieu le Père,

apportez-moi le livre de vie de ce pauvre homme. »

Un vieil ange gardien, tout cassé, tout blanchi, sortit de la foule, pliant sous le poids d'un in-folio à coins d'argent, d'où pendaient des signets rouges ; et il jeta à M. Paul Masson un regard peu aimable, car M. Paul Masson, durant son séjour parmi les humains, l'avait toujours oublié dans ses prières.

« Mon fils, reprit le Seigneur, dans ce livre sont inscrits jour par jour tous tes actes, toutes tes pensées : aussi nous l'appelons un livre de vie. Je ne perdrai pas mon temps à te le lire page par page... Ton ange gardien lira seulement le résumé, pour te prouver que nos bureaux d'information fonctionnent bien. »

L'ange alors s'assit sur un nuage rose, ouvrit le volume à la fin et commença :

« Paul Masson, né à Strasbourg le 14 juillet 1849, avocat en 1876 à Alger, président en 1880 du tribunal de Chandernagor, procureur de la République à Pondichéry, démissionnaire en 1884, se fixe à Paris...

— Tu peux t'asseoir, dit l'Enfant Jésus.

— Il se livre dans les Indes à des expériences sur les croisements de la race simiesque avec la race humaine... applique dans tous ses jugements le maximum, avec une telle ignorance des circonstances atténuantes ou aggravantes et une telle absence de sens moral que, quelques années plus tard, perché sur un rocher, à Belle-Isle, devant la mer, il est secoué d'éclats de rire frénétiques en songeant à tous les Hindous qu'il a condamnés à mort sans raison... Envoie au journal *le Figaro* en 1880, alors que des lois républicaines chassaient de France les jésuites et autres congrégations, une relation de l'expulsion des jésuites de Chandernagor; l'article est inséré, soulève dans la presse des commentaires indignés, met le gouvernement dans une situation très embarrassante, quand une enquête par décret prouve qu'il n'y a jamais eu dans les Indes françaises de jésuites et qu'un sinistre fumiste a joué la métropole... »

M. Masson se mit à rire subitement, et le petit Jésus lui adressa un amical signe de tête, en l'invitant à calmer sa joie par convenance.

L'ange passa quelques feuillets.

« En mars 1891, Paris est inondé de lettres de faire part annonçant le mariage de M. Paul Masson, ancien magistrat, commandeur du Nicham-Iftikiar, avec mademoiselle Tittée du Dahomey, en résidence au Jardin d'Acclimatation. La cérémonie nuptiale devait avoir lieu en la chapelle bouddhique du musée Guimet, sous la présidence de M. Maurice Barrès. Tous les journaux reproduisent cette missive matrimoniale. Des littérateurs connus s'empressent d'écrire sur cet événement plusieurs chroniques très longues. Au bout de quelques jours, M. Paul Masson dément cette nouvelle avec indignation. Il reste avéré pourtant qu'il l'avait lui-même lancée.

» Le 8 juillet 1891, un éditeur nommé Savine publie des « Réflexions et Pensées du général Boulanger, extraites de ses papiers et de sa correspondance intime ». Le général a beau protester de Bruxelles par télégramme, le *Gaulois* affirme l'authenticité de l'ouvrage ; à Londres, à Leipzig, à Porto, à Milan, à Madrid, tous les libraires en vendent des traductions, tandis que toute la presse boulangiste se déchaîne contre l'anonyme faussaire... L'auteur du recueil s'appelait Paul Masson. »

Le Seigneur interrompit d'un geste le lecteur, et, sans colère, assez intéressé au contraire :

« Un simple renseignement, mon fils. N'as-tu pas aussi publié un « Carnet de jeunesse du prince de Bismarck », où les journalistes français reconnurent l'esprit du chancelier et contre lequel fulminèrent toutes les gazettes allemandes?

— C'est vrai, Seigneur, répondit-il ; je l'avais toujours jusqu'ici nié. Mais pourquoi vous mentir à vous qui connaissez toute vérité?

— Continue, » dit le Très-Haut à l'ange.

L'ange, un peu fatigué, reprit :

« Procédé destiné à empêcher la collision des trains et suggéré à l'inventeur par la terrible catastrophe de Saint-Mandé :

» Le procédé recommandé consiste essentiellement à adapter à l'avant et à l'arrière du train un plan incliné à roulettes qui partira du niveau des rails pour aboutir au sommet soit de la locomotive, soit du dernier wagon. Quand deux trains viendront à se rencontrer, au lieu de se briser mutuellement, de se télescoper, l'un d'eux s'engagera sur la pente qui lui sera présentée par le train adverse, parcourra ce dernier dans toute sa longueur, et redescendra sur la pente de queue sans avoir subi ni causé aucun dommage. Le tout comme au jeu de saute-mouton.

» Le mémoire est adressé à l'Académie des Sciences, lu en séance et renvoyé par elle à la commission des chemins de fer. »

Ici, M. Paul Masson essuya furtivement une larme. Il pensait à sa tante chérie, Félicie Mamer, écrasée à Saint-Mandé, et, l'ayant cherchée, il ne la trouvait pas parmi les bienheureux.

L'ange maintenant se pressait :

« Annonce en avril 1894 une conférence à la Bodinière sur la Fumisterie et les fumistes depuis les temps les plus reculés jusqu'à nos jours, et entretient froidement son auditoire de tous les modes historiques du chauffage depuis le brasier de Julien l'Apostat jusqu'au four crématoire de Milan. Pose sa candidature à la succession de M. Deibler, incident que commente vivement la presse anglaise... Annonce qu'il met 30,000 francs à la disposition de la Société des Beaux-Arts pour récompenser les jeunes artistes, promet au nom du riche Cernuschi 100,000 francs à la Compagnie des omnibus pour se maintenir en grève, ouvre une enquête auprès de toutes les notabilités littéraires pour connaître les phrases, interjections, onomatopées qui échappent aux amants aux heures d'extase...

— Assez, assez, dit le Seigneur, il y a des dames ici. »

L'ange ferma le livre et s'en fut reprendre sa place.

Dieu le Père songeait, la Sainte Vierge pleurait, le Saint-Esprit demeurait muet et morose; les Archanges, les Trônes, les Séraphins, les Dominations, attristés, se voilaient la face de leurs ailes. Les musiques se taisaient, les chants s'apaisaient, et l'encens ne fumait plus. Une grande tristesse envahissait le ciel, devant ce pécheur qui, au lieu de préparer son salut, n'avait pensé sur terre qu'à mystifier ses contemporains.

Dieu le père se leva :

« Que veux-tu que nous fassions de toi ici, Paul Masson ? Tu ne pourras nous berner et tu t'ennuieras. Voyons, parle, as-tu quelque chose à dire pour ta défense. Je voudrais ne pas te condamner aux flammes infernales. »

M. Paul Masson resta silencieux quelques minutes.

« Oui, dit-il enfin. Mais je sais que vous n'aimez pas gaspiller votre temps, bien que vous ayez toute l'éternité devant vous.

— Va toujours, » accorda l'Enfant Jésus.

D'un geste M. Paul Masson remercia, puis il parla :

« Seigneur, vous me reprochez d'avoir toute ma vie mystifié mes semblables, et vous me faites un crime du titre de Grand Fumiste National qu'on me donna. Seigneur, Seigneur, écoutez-moi. Je suis un sage, plus sage que les sept sages de la Grèce. Ni les joutes politiques, ni les gloires des batailles, ni les vanités littéraires, ni les voluptés féminines, ne

-me charmèrent. Mon âme hautaine méprisait ces fièvres et ces joies. Désabusé et chagrin, j'ai sondé l'infinie sottise des hommes, et j'ai tâché par des expériences de la leur montrer, car ils l'ignorent, pauvres fats! J'aurais pu tonner contre eux du haut d'une tribune ou répandre par le monde à l'aide du livre mes cris de colère. J'ai préféré le silence et l'ombre. J'ai voulu laisser tomber sur Paris, en mystérieux justicier, mes petits papiers ironiques et vengeurs, et goûter le délicat plaisir de ne pas livrer mon nom à la foule. Et vous voyez bien que j'ai agi uniquement pour châtier les humains de leur crédulité, de leur légèreté, de leur bêtise, et non pour devenir notoire, puisque toujours je suis resté dans la coulisse. J'ai dévoué mes jours à corriger mes frères.

» Et je suis triste, triste, triste... un sourire douloureux et amer ride mes lèvres, et je marche la tête dans les épaules, par fatigue et par misanthropie. Car je n'ai pas réussi. Les hommes s'avèrent aussi sots qu'auparavant, mes dernières mystifications rencontrèrent le même succès que les premières, et celui qui peut-être me remplacera trouvera le même public de gobe-mouches. Seigneur, je suis triste, triste, triste...

» Mais vous ne pouvez pas, ô Dieu bon, me châtier pour mon échec. Vous même (pardonnez ma hardiesse), vous n'avez guère réussi dans vos entreprises humaines. Vous aviez créé les hommes à votre image, et voilà bien longtemps qu'ils cessent de vous ressembler... vous ne devez pas être très fier. »

Dieu le Père ne se fâcha point, il sourit même, et s'étant tourné vers Jésus :

« Qu'en penses-tu, mon fils ? » dit-il.

Et l'Enfant Jésus répondit tendrement :

« C'est un pauvre homme, un homme simple et doux. Heureux les hommes simples et doux, car le royaume des cieux est à eux! »

Les musiques alors emplirent de nouveau le ciel, et les chants recommencèrent, et l'encens des ostensoirs monta vers le trône divin. Une grande joie pénétrait le cœur des élus, les arbres même bruissaient avec plus de charme, et les nuages devenaient plus subtils.

Et M. Paul Masson, conduit par l'Enfant Jésus, s'en fut visiter les domaines où pour l'éternité il villégiaturerait.

Seul, saint Pierre, de sa loge, le regardait d'un œil mauvais, car Saint Pierre redoutait pour l'avenir de terribles mystifications dont il serait le jouet.

TRISTAN BERNARD.

Pour René Schützenberger.

M. Tristan Bernard s'était levé ce matin plus tôt que d'habitude... Dix heures sonnaient. La chemise entr'ouverte, les pieds nus égarés en des savates trop grandes, les cheveux broussailleux, la bouche mauvaise, et les yeux presque fermés, il entra dans le petit salon, poussa un soupir, se laissa tomber sur un fauteuil et s'endormit... Ça ne lui valait rien, vraiment, de tâcher à devenir matinal.

La rue Édouard-Detaille était si calme! Nul bruit encore n'en troublait la provinciale quiétude. On ne voyait pas, le nez collé aux fenêtres, de féminines figures, en résilles ou en bonnets, avec des papillotes ou des bigoudis, et les servantes ne songeaient pas à secouer sur les rares passants la poussière des tapis et les miettes des nappes. Il n'y avait même pas d'homme à casquette grise et à tablier bleu pour offrir, d'une voix glapissante, du mouron aux personnes sensibles qui nourrissent les petits des oiseaux. Morphée régnait encore en ces lieux déserts.

M. Tristan Bernard, les jambes étendues, les mains unies sur le ventre, dormait. Lentement, les minutes s'en allaient. Sa tête alourdie croulait sur sa poitrine parmi les flots noirs de sa barbe. Le quart, la demie tintèrent, puis comme le dernier coup de la demie venait de s'éteindre à jamais, il fit un beau rêve.

La porte s'ouvrit avec douceur ; à petits pas pressés, les coudes au corps, un vieux monsieur se glissa dans la chambre. Il était grand et vigoureux encore. Des cheveux grisonnants et bouclés couvraient sa tête, au-dessus du front haut et poli, et une barbiche à deux pointes lui donnait l'air d'un fidèle bonapartiste. Bien qu'il portât une canne à pomme d'or, ses vêtements de forme ancienne révélaient quelque fatigue.

Il regarda M. Bernard, sourit, prit une chaise et s'assit. Muet, il attendit quelques instants ; puis, comme M. Bernard ronflait avec tranquillité, il posa sur ses cheveux une couronne de lauriers. Et M. Bernard reconnut sir Charles Dickens. Son âme frémit et des frissons heureux chatouillèrent son corps. Il essaya, par politesse, de se rappeler deux ou trois mots anglais, et n'y parvenant point, il tendit les bras dans un beau geste adorateur. C'était bien le maître, tel qu'on le dépeint quelques années avant sa mort, et tel que le montrent les eaux-fortes qui illustrent les premières pages de ses œuvres. Ah ! comme il eût voulu seulement toucher le pan de cette redingote usée, dont les manches brillaient, et dont les coutures s'enfuyaient ; mais il ne saisit que du vide, et ennuyé, attristé, il s'enfonça dans son fauteuil.

Et il murmura simplement :

— Oh ! maître, maître !

Les mains jointes sur la pomme de sa canne, la tête penchée un peu, M. Dickens le regardait, avec de bons yeux humides, que mouillaient des larmes naissantes, affectueuses et admiratives. Un sourire amical plissait tendrement sa bouche. Ses lèvres enfin remuèrent et, lentes et gracieuses, des phrases rompirent le silence :

— Ainsi, c'est vous, dit-il, vous qu'on appelle Tristan Bernard. Je me sens heureux, bien heureux de vous voir. Je suis un vieil homme et j'habite le pays lointain où s'en vont les âmes défuntes, le pays des fantômes, des spectres et des apparitions blanches. Est-ce le Styx noir et bourbeux, ou les nuages bleus, roses et pâles des célestes demeures ? Je ne sais... Mais depuis si longtemps je vous chéris, depuis si longtemps je vous cherche... J'ai soulevé la pierre du tombeau, cette pierre sombre et lourde qui procure aux poètes tant de strophes pathétiques, aux prosateurs tant de paragraphes éloquents, et je suis venu, je ne me rappelle plus comment, jusqu'en cette rue silencieuse, avec la joie d'un père qui va trouver enfin un fils longtemps désiré.

M. Bernard aima cette façon poétique de s'exprimer et sa première émotion disparut. Il observa M. Dickens avec plus de curiosité, et tout de même craignant encore peut-être qu'il ne s'évanouît soudain en spirales claires de fumée, il risqua une chiquenaude sur sa main et pinça sa jambe. M. Dickens ne prêta pas grande attention à ces menues tentatives, il reprit :

— Oui, comme un père qui va trouver enfin un fils longtemps désiré. Ah ! Je croyais que jamais je ne goûterais la joie orgueilleuse de revivre dans un autre moi-même, et je me lamentais, je me désespérais... Mais vous voilà enfin... Vous êtes mon fils, mon vrai fils, mon fils unique.

Il contemplait plus tendrement M. Bernard, comme s'il voulait graver pour toujours dans sa mémoire son visage malin, et il murmurait d'une voix pâle et frêle :

— Ah ! depuis si longtemps je vous aime, depuis si longtemps... Je songe à vos premiers essais, ces proses ironiques du *Chasseur de Chevelures* que publia la *Revue Blanche*, où vous vous amusiez avec Pierre Veber à déformer le réel et à inventer le possible. Mon âme a tressailli en les lisant, et j'ai prévu ce que vous donneriez. Ce furent ensuite des nouvelles, des *Contes de Pantruche et d'ailleurs*, puis des piécettes profondes à la fois et joviales, et vite, vite, votre talent s'affirmait, et ravi je vous voyais tranquillement et d'un pas léger monter de la réputation vers la gloire... Les *Mémoires d'un Jeune Homme rangé* vous l'ont apportée... Vous êtes mon fils.

Ces paternelles paroles plurent à M. Bernard. Il caressait sa barbe assyrienne avec complaisance. Devait-il rougir de semblables éloges ? ou se jeter dans les bras de ce nouveau père ? ou rire aux éclats ? Il mit la main sur son cœur, son cœur battait avec régularité. Il ébaucha un geste reconnaissant, réfléchit quelques secondes, et laissa modestement tomber ces mots :

— Oui, maître, je suis un humoriste, comme vous, mais je ne vous égale pas. Vous exagérez. J'ai du talent, beaucoup de talent, mais je n'ai pas votre génie. Je me connais. Je suis un homme sage et narquois, doublé d'un observateur exact et minutieux. Les dieux m'ont permis de soulever le beau voile, artistement colorié et aux plis savants, sous lequel nous nous cachons, et d'atteindre sous les apparences la seule vérité. Je sais percer ce caractère factice que nous crée la société et je découvre celui qui est vraiment le nôtre. Peut-il y avoir source plus féconde d'ironies ? Je note les infinies contradictions de nos actes, de nos pensées et des conventions de tout ordre auxquelles nous nous soumettons, et des moments les plus solennels de notre existence comme des minutes les plus insignifiantes, des paroles les plus banales comme des gestes les plus nobles, je fais jaillir un comique si juste qu'il excite au rire les visages les plus renfrognés. Aussi ma fantaisie ne quitte-t-elle jamais la réalité, elle en brode l'ironique commentaire et, obstinément elle se distrait à démolir toutes les vieilles légendes, toutes les vieilles traditions, toutes les vieilles coutumes, sur lesquelles nous vivons et qui constituent l'hypocrite morale du monde. Voilà ce dont je suis capable.

Il y eut un instant de silence, car M. Bernard était fatigué, et il reprenait haleine. Tout de même il dévida encore quelques phrases.

— Je regarde autour de moi, dit-il. De gentils pantins s'agitent. Ils parlent, ils marchent, ils mangent, ils boivent, ils aiment, de la même façon que leurs pères, leurs grands-pères, leurs arrière-grands-pères et leurs trisaïeux, et tous leurs descendants seront comme eux. Alors, j'arrive en souriant, traînant les pieds, le ventre bedonnant, et doucement je montre, sans avoir l'air de rien, combien leur vie — et la vie en somme — est vide et convenue, édifiée sur des absurdités, des ridicules, et de sots principes. Je ressemble à l'ouvrier blanc de poussière qui démolit les vieilles maisons, je démolis les plâtras conventionnels... Mais vous, vous êtes le maître, le maître puissant, dont le génie railleur et tendre à la fois a créé d'innombrables et d'inoubliables figures, et je vous adore, car vous seul peut-être avez pu embrasser et peindre la vie dans toute sa complexité et sous tous ses aspects, et je vous dois mes émotions les plus précieuses et mes jouissances les plus rares. Que suis-je en face de vous ? Un disciple aimant et fidèle et de quelque valeur sans doute, mais un disciple, et vos éloges ne sont que politesses d'un homme bien élevé en visite.

M. Bernard baissa le menton, et, comme si de telles paroles eussent le don d'évocation, des ombres légères, frissonnantes, peuplèrent la chambre, voletant au plafond, s'accoudant à la cheminée ou tapies dans les fauteuils. Et c'étaient M. Pickwick, gras et content ; David Copperfield causant avec M. Micawber ; M. Pecksniff, l'hypocrite architecte ; Master Silas Wegg, l'homme à la jambe de bois, messager et commissionnaire près de Cavendish-Square ; et Dombey fils, le cher petit Dombey, qui mourut en comprenant la chanson merveilleuse des vagues. Il n'y avait, hélas ! ni Ruth, la mignonne Ruth qui cuisait de si bons plum-pudding, ni Dora, fragile et tendre jouet, ni Agnès, ni la petite Dorritt. Peut-être M. Bernard les effrayait-il encore un peu.

M. Bernard cependant n'eut pas le loisir de s'étonner, M. Dickens secoua la tête, avec énergie, puis il leva un doigt en signe d'amical reproche.

— Vous vous défendez contre mes éloges, dit-il, vous avez tort, car vous les méritez : il faut toujours accepter les éloges justes ; les repousser c'est injurier celui qui les formule. Je veux vous dire toute la vérité. J'ai lu et relu les *Mémoires d'un Jeune Homme rangé*. Oh! voilà bien le chef-d'œuvre de l'humour. Moi, toujours emporté par mon imagination, je m'enthousiasme, je m'exalte, je me passionne, et, fiévreux, maladif, je passe des attendrissements les plus éplorés aux lyrismes les plus fous. Je comprends les voix tristes ou gaies des cloches, et les hurlements du vent, et la plainte murmurante de la mer. Je peuple la nature d'êtres qui tourbillonnent, et je souffle la vie à la matière inerte. Je suis un poète encore plus qu'un humoriste. Mais vous, les classiques vous ont légué toutes leurs qualités, ce goût, cette mesure, cette simplicité qui rendent leurs œuvres impérissables. Vous ne vous attardez pas à d'imprévues et longues descriptions, à de sanglotantes élégies, à de dramatiques invocations. Vous allez droit votre chemin, dégageant de la vie, sans procédés, par la seule observation, l'irrésistible grotesque qu'elle renferme, et comme vous savez dans la foule des détails choisir ceux-là seuls qui conviennent, et dire ce qu'il faut dire, vous possédez le secret d'éviter toute longueur et de ne jamais ennuyer.

M. Bernard tripotait encore sa barbe par contenance. Il ouvrit la bouche, comme s'il voulait parler, mais M. Dickens le devança.

— Oui... vous avez écrit un chef-d'œuvre. Parmi tant de sujets qui s'offraient à vous, vous avez pris le plus simple, le plus banal, l'histoire d'un jeune homme qui aime une jeune fille et l'épouse, et de ce sujet si commun, si rabattu, vous avez tiré une merveille d'observation. Un autre eût imaginé des complications sentimentales, quelque drame déchirant, des parents barbares, une jeune fille perfide. Vous détestez ces procédés, la simple vérité renferme pour vous assez de richesses, et vous éclairez au profond de nous-mêmes des coins encore sauvages. Pauvre jeune homme rangé ? Que de petites saletés il commet sans s'en douter, et comme il est tendrement bête et vaniteux, et naïvement cynique! Ah! la jolie petite âme vraiment que lui ont confectionnée la vie de famille, le lycée, la société de ses amis et la fréquentation des lieux nocturnes de plaisir! Votre ironie a tout raillé : ces premiers émois d'un cœur troublé, ces hésitations d'un amour qui s'ignore et peu à peu se reconnaît, et ces actes rapides par lesquels il s'affirme, baisers pris loin des regards paternels, mains serrées furtivement à la hâte, phrases éternelles et niaises, elle en a pour toujours souligné le comique intime et menu. Ah! quel livre profond, humain, vous avez écrit sous le masque de l'humour! Mon fils, mon fils !...

Alors, soudain, comme M. Dickens s'attendrissait, apparurent Daniel Henry et Berthe

Voraud, les deux jeunes mariés, et Louise Loison, l'amie complaisante et rusée qui présida à leurs entretiens, et la vieille grand'mère écrasée de bijoux. Ils se mêlèrent à ceux qui tout à l'heure étaient venus, et tous causaient entre eux comme des frères et des sœurs. Durant quelques minutes, ce fut un bruit délicieux de petites voix fluettes et blanches, et des gestes gauches, rapides et frivoles. Ravis, M. Dickens et M. Bernard écoutaient parler et regardaient s'agiter ces étranges fantômes, personnages de rêve fuyant les pages des livres qui racontaient leur vie, et des larmes de joie perlaient au bord de leurs cils. Ils se taisaient, respectueux et émus, sentant bien qu'un seul mot eût rompu le charme qui les enveloppait. Un parfum doux et ancien emplissait le salon, et les portraits accrochés au mur souriaient à cette fête.

Brusquement, midi sonna. Un tramway, tout près, siffla, et dans la rue un pauvre entonna une romance. Les fantômes s'enfuirent, sans laisser de trace, et M. Dickens lui-même s'évanouit. Sa chaise resta vide, M. Bernard se réveilla ; un sourire flottait sur ses lèvres. Il recula la chaise, regarda à droite et à gauche, puis, sans perdre de temps en d'oiseuses questions, il se rendormit.

PIERRE VEBER

Pour Paul Marrot.

M. Pierre Veber, le corps et l'esprit lassés, entra dans le square Delaborde, derrière la Pépinière, et s'assit sur un banc.

C'était une matinée d'automne agonisant, triste et douce. Un peu de soleil timidement, comme un malade qui sent la mort venir et ose à peine se montrer, risquait à travers le ciel gris des clartés pâles sur les maisons et s'attardait à glisser dans les arbres. Des oiseaux chantaient encore en sautant sur les branches et les dernières feuilles jaunies voletaient et valsaient, petites folles apeurées qu'entraînait la caresse du vent. Des canards barbotaient dans l'eau du bassin, avec régularité, en personnes sérieuses qui accomplissent un obligatoire métier. Et M. Veber trouva ce paysage mélancolique en accord parfait avec son âme. Tout près, Saint-Augustin dressait sa masse blanche et austère. En se penchant, il voyait s'ébranler l'illustre omnibus Panthéon-Courcelles, et parfois des sonneries guerrières, venues de la caserne voisine, frappaient ses oreilles. Les nourrices alors et les bonnes, qui d'un œil paresseux surveillaient les bébés, écoutaient, rouges d'admiration, en levant la tête, et un vieil invalide, qui lisait le « *Petit Journal* », marquait la mesure de sa jambe de bois. Enveloppés dans de grands manteaux, des ecclésiastiques passaient, rapides et discrets.

M. Pierre Veber éprouvait de la peine, car depuis la veille il n'avait rencontré personne à qui il eût pu dire quelque rosserie. Du bout de sa canne, il se distrayait à tracer des ronds défectueux sur le sable et à frapper des cailloux innocents. Et il songeait aussi à sa vie

écoulée : machinalement, il se retrouvait le
dos courbé, le front dans les mains, compulsant des livres à la Bibliothèque nationale;
puis des semaines fuyaient, fuyaient. Il écrivait au *Journal*, au *Gil Blas* ; il passait
à l'*Echo* ; il publiait des romans, il devenait
dramaturge. Il se souvint aussi de Jean son
frère, de la rue Edouard-Detaille, silencieuse
et déserte, de son petit cabinet de travail où il
passait des heures à aiguiser des pointes railleuses, et, sans s'en douter, il murmura en
bâillant : « Ah zut ! que c'est bête tout ça ! »
Puis, mettant la main sur son cœur : « Je suis
morose, dit-il, et je ressemble aujourd'hui à
un poitrinaire. »

Et comme il pensait à ces petites choses
sans importance, une femme franchit la grille
du jardin. Grande, mince et souple, elle venait
lentement sur le sable de l'allée, et sa jupe
relevée d'une main légère laissait voir la cheville du pied, fine et frêle et nerveuse. Le soleil
piquait des reflets fauves dans ses cheveux
blonds. Elle s'arrêta devant le bassin, regarda
un instant les jeux paisibles des canards, puis

elle chercha un banc, et, comme ils étaient
tous occupés, elle s'assit près de M. Veber.
M. Veber, pour se délasser, l'examina. Elle
lui plut : il aimait sa poitrine qu'il devinait
dure et petite, et sa jambe ferme, et sa nuque
très blanche où frisottaient des boucles ; ses
yeux surtout le charmaient, de grands yeux
bleus et rêveurs. Elle resta quelques minutes
le buste un peu penché, la tête un peu inclinée, les mains unies sur les genoux, le
regard perdu. Puis elle prit son ridicule, en
tira un livre, l'ouvrit à une page cornée et se
mit à lire. Un frisson parcourut les vertèbres
de M. Veber : c'était *l'Aventure.*

Ses ennuis s'envolèrent. Il sentit soudain
son cœur plein d'affection reconnaissante pour
l'inconnue ; il lui semblait qu'il était un peu
d'elle-même, puisque en ce moment elle vivait de lui et par lui. Avec précaution, il
lança un regard sur la page ouverte, et dé-
chiffra quelques lignes : « Le jardin est tout
petit ; au milieu s'érige un horrible monument imposé à la mémoire de Louis XVI en
expiation de son incapacité... »

Il sourit :

« Que lisez-vous, madame? »

Elle se tourna vers lui, le dévisagea, et sans colère, sans surprise :

« Un livre délicieux, dit-elle : *l'Aventure* de P. Veber. »

Une lueur chaude passa dans ses grands yeux, et elle ajouta, car elle n'était point sauvage :

« J'aime à la folie cette tendresse ironique, et moi, qui déteste les railleries, j'adore celles-là, parce qu'elles s'enveloppent toujours d'une précieuse sentimentalité. »

Les joues de M. Pierre Veber rougirent : les compliments justes enchantent.

« Je pense comme vous, dit-il.

— Ah! nous seules, reprit l'inconnue, nous seules, pauvres femmes, que tente un éternel et vague désir, nous pouvons goûter tout le charme de ce roman. Petite âme d'étagère que madame Luz de Chantorey ; petite âme d'étagère fragile et menue, et pourtant si simplette !... L'aventure, le frisson de l'aventure, pour le ressentir, que n'oserions-nous pas?...

9

Les unes le cherchent bravement, avidement, sans scrupules... les autres en hésitant, en reculant, en calculant, mais toutes, toutes, nous le cherchons. »

M. Pierre Veber insinua que peut-être l'auteur se moquait de son héroïne. .

— « Qu'importe ? répondit-elle. Nous ne lui en voulons pas que madame Luz de Chantorey soit la victime d'un cambrioleur qui, sous des apparences de noble exotique, simule l'amour pour mieux la dévaliser... Sans doute la déception fut cruelle, et la blessure d'amour-propre profonde... Mais elle vivra désormais avec le souvenir jaloux d'avoir frôlé le danger et couru l'aventure ; et je l'envie.

— Ah ! murmura Pierre Veber, comme votre âme ressemble à la sienne ! »

Ils restèrent silencieux. Le ciel devenait plus clair et le soleil moins pâle jouait sur les toits. Les canards avaient fini de barboter et, couchés sur le gazon, ils lissaient leurs ailes à coups de bec.

« Je voudrais le connaître, soupira la jeune femme. Le connaissez-vous?

— Un peu, suffisamment même pour en bien parler. »

Elle s'appuya au dossier du banc et, laissant avec fatigue retomber le livre :

« Il doit être de taille moyenne, n'est-ce pas? Son nez, un peu retroussé, révèle son parisianisme narquois ; ses yeux malins de bon enfant, son observatrice sensibilité. Une barbe soyeuse orne son menton, et, quand il songe ou rêve, sa main fine s'y égare avec complaisance. Il rit parfois d'un petit rire contenu, qui n'entr'ouvre pas ses lèvres, s'attarde dans le gosier, et se perd en secousses légères. »

M. Pierre Veber se rappela qu'il était un pince-sans-rire ; il ne manqua point de jouer le rôle que lui impose cette étiquette.

Il réprima un sourire, envoya rouler à quelques pas un cailloux qu'il avait déterré patiemment avec sa canne, et, esquissant un geste ennuyé :

« Comme je regrette, madame, de ne pouvoir vous confirmer l'exactitude de ce charmant portrait! Hélas! combien peu il ressemble à l'auteur de *l'Aventure*, et surtout combien trop il le flatte !

» M. Pierre Veber est un petit homme chauve, bedonnant, boiteux et édenté, que les dieux dotèrent d'un caractère inquiet. Il habite tout en haut de la Glacière, près des baraques des chiffonniers, dans un taudis où piaille un perroquet sans plumes, où miaule un matou efflanqué, où dort un vieil hibou empaillé. Un crâne d'assassin lui sert d'encrier ; un poignard taché de sang, de coupe-papier. Il porte des redingotes élimées et rapiécées, des pantalons qui s'effilochent, et des chapeaux qui furent neufs il y a longtemps. Parfois on l'aperçoit dans Paris, affairé, hagard, haillonneux. Il court chez ses éditeurs pour leur arracher quelques sous. Il vit très misérablement.

— Oh ! comme vous m'étonnez et m'attristez ! Je me le représentais sous une forme si plaisante ! Mais que fait-il donc de ce qu'il gagne ? »

M. Veber baissa la voix :

« Il boit, madame, effroyablement (et, secouant la tête avec pitié, il ajouta :) un alcoolique, un inguérissable alcoolique. »

L'inconnue regarda longuement M. Veber comme afin de lire en son âme menteuse, puis elle pâlit :

» Vous devez écrire vous-même, dit-elle, pour si mal parler d'un littérateur. Je ne vous crois point. »

M. Pierre Veber ne répondit rien. A la dérobée, il observait sa voisine. Que faire? Dirait-il son vrai nom ? Sans doute à peine l'aurait-il prononcé que la belle n'hésiterait pas à lui accorder l'amour ressenti pour l'écrivain. Un flirt, un caprice, qui sait ? une liaison de quelques jours, rapide et joviale... Il rêva de rendez-vous dans les squares écartés, ou sur les petites places battues par le vent, ou à l'ombre des vieilles églises... il rêva aussi à des heures, vite enfuies, dans quelque chambre tiède et ensoleillée, qu'il parfumerait de fleurs... et d'où l'on entendrait, dans les minutes de repos, le bruit sourd de la ville... Elle aurait des gestes adorateurs, des mines émerveillées, des caresses obéissantes... Cela durerait une semaine ou deux et, quand il aurait pleinement savouré le charme d'être aimé pour ses livres, il s'en irait tout à la douce, un beau jour, et le monde ignorerait cette puérile passade. Il écouta battre son cœur; son cœur battait normalement, aucun remords ne déchirait sa conscience. Il toussa, se rapprocha :

« Excusez-moi, madame, je vous ai trompée; je suis Pierre Veber lui-même, et... »

L'inconnue ne l'entendit pas. Il répéta sa phrase. Elle tourna un peu la tête, un petit rire ironique la secoua, — et, bien dignement :

« Dites donc, pour qui me prenez-vous? On ne m'a jamais monté de bateaux. »

Elle ferma son livre, le remit avec soin dans son ridicule, et, sans même l'avoir regardé une nouvelle fois, elle quitta le jardin.

FRANC-NOHAIN

Pour Claude Terrasse.

Minuit venait de sonner, et bien que ce fût l'heure traditionnelle des crimes et des fantômes, aucun assassin n'avait encore surgi d'un coin sombre, le poignard menaçant, dans la petite chambre de M. Franc-Nohain, et nulle apparition blanche ne s'était détachée des murailles, en secouant ses chaînes. Un feu clair brûlait dans l'âtre, et M. Franc-Nohain, enfoncé dans un fauteuil, regardait le feu.

Visages grotesques qui éveillaient en lui le souvenir d'amis et d'ennemis, châteaux crénelés et dentelés dont les tours s'effondraient avec la chute des charbons, arbres aux rameaux enchevêtrés, bêtes apocalyptiques, que ne voyait-il pas dans les flammes souples et effilées qui montaient, montaient, en sifflant et en soupirant! Il suivait, charmé, ces fragiles visions, sans se lasser, et pour chacune qui s'évanouissait ou s'écroulait, un peu de peine se glissait dans son cœur.

Et soudain, voici que le feu pétilla plus fort et répandit une lueur plus vive. Parmi les bûches à demi consumées, une forme de poupée naissait. La tête d'abord se dégagea, pâle et penchée, avec deux grands yeux innocents; puis le buste, maigre, étroit; puis les jambes, molles et vides. Les bras pendaient, inertes, comme gênés, et ne sachant à quoi servir... Et c'était une marionnette, une petite marionnette, une marionnette de songe, une marionnette de rêve. Elle resta là, debout, au milieu de la cheminée, et M. Franc-Nohain la reconnut et sourit d'émotion et se pencha vers elle.

J'ignore si elle parla; je ne me souviens pas que jamais les marionnettes aient parlé, sans maître et sans souffleur, et autre part que sur des planches de théâtre, et pourtant ses lèvres remuèrent, et M. Franc-Nohain entendit des paroles qui l'enchantèrent.

La petite marionnette leva son bras, puis le laissa retomber, et il parut à M. Franc-Nohain qu'elle disait :

« Bonjour, bonjour, Franc-Nohain, bonjour, bonjour. »

M. Franc-Nohain se frotta les yeux et les oreilles, toussa et se pinça les mollets... Tout de même, si quelque illusion se jouait de lui ?... Mais de nouveau il entendit la voix fluette, hésitante :

« Franc-Nohain, Franc-Nohain, je suis venue pour t'éclairer et te dévoiler l'avenir. Franc-Nohain, Franc-Nohain, ne te contente pas d'écrire des vers amorphes. »

M. Franc-Nohain fronça le sourcil, et ses lèvres pincées ébauchèrent un sourire d'ironique pitié.

« J'écris des vers amorphes, parce que ça me chante, dit-il, et j'attends, pour écrire autre chose, quelque autre chose qui me chante ».

9.

La marionnette agita les jambes, remua la tête et, dressant un bras :

« Sans doute, reprit-elle, et sans doute aussi c'est très bien ce que tu fais. Tu aimes tout ce qui ne vit pas, et tu devines ce que pensent les choses : les âmes tristes des cure-dents, les âmes orgueilleuses des triangles musicaux, les âmes sanglotantes des billards te révèlent tous leurs secrets, et sur leurs confidences tu brodes d'infinies variations en vers dont la forme s'adapte toujours à leur nature. Soliloques et dialogues, évocations et invocations, apartés et répétitions, tu connais et tu pratiques en virtuose les procédés innombrables du développement... Mais tu devrais cesser ; voilà longtemps que ça dure. Penses-tu découvrir toujours des sujets nouveaux, et ne crains-tu pas de tomber dans la monotonie ? »

La petite marionnette inclina davantage la tête, ses jambes se rapprochèrent, ses bras collèrent à son corps, et, semblable à quelque loque pendue au bout d'une ficelle, elle demeura immobile. Les flammes l'entouraient en chantant.

M. Franc-Nohain eut peur des flammes trop ardentes; il se courba et joignit les mains :

« Oh! parle encore, dit-il, parle encore. Ne t'en va pas. Je t'attendais, je t'espérais et je t'aime. Je ne vis que pour toi et je veux être l'ouvrier de ta gloire. »

La petite marionnette tressaillit :

« Ecoute notre voix zézayante, dit-elle, et regarde nos gestes gauches et raides, et nos visages immuables. Figurines incassables, n'évoquons-nous pas tout ce qui est simple et naïf? Que de belles œuvres tu pourrais créer ! Tu nous ferais réciter des choses vieilles et banales, telles qu'en disent les vieux petits bourgeois, ou des choses tendres et tristes, telles qu'en doivent dire les vierges des anciens temps que peignirent les primitifs. Tous les lieux communs, nous les répéterions de notre voix balbutiante, sans les comprendre; tous les lieux communs sur la beauté, l'ambition, la guerre, la paix ; tous les lieux communs sur la patrie, la famille, l'amour; toutes ces phrases sonores et creuses que depuis des milliers d'années les hommes se transmettent comme un précieux héritage. Et rien ne serait plus ironique et plus délicieux que de nous entendre, avec nos petites mines de poupée, et nos petits mouvements de pantins.

— Oui, murmura M. Franc-Nohain, j'y ai souvent songé...

Et il ajouta faiblement : « Vive la France ! »

La marionnette trépigna :

« Oui, oui... Vive la France... tu avais bien commencé avec cette railleuse épopée que jouèrent d'éphémères Pantins, hélas ! Il fallait continuer ; mais tu n'as pas voulu, tu es revenu à tes poèmes amorphes, paresseux, paresseux. »

M. Franc-Nohain rougit et s'irrita :

« Mais tu m'ennuies, s'écria-t-il. Il me plaît encore de me livrer à ce jeu, il m'amuse, il me divertit et je l'aime : j'y trouve des joies si douces, si discrètes et si secrètes aussi. »

Elle ne l'écoutait point. Les deux bras vers le ciel, elle jabotait toujours :

« Oh ! ce serait si gentil ! Une petite salle, claire, ronde, coquette et tiède, toute parfumée de fleurs et tapissée de dessins. Pas de contrôle où des messieurs graves plastronnent en de mauvais habits, pas d'ouvreuses étriquées et quémandeuses; des fauteuils doux, commodes et larges. On entrerait là comme chez soi, le soir, en passant. Il n'y aurait que des femmes jeunes et jolies, on éloignerait sans recours toutes les dondons qui encombrent à l'ordinaire les théâtres. L'air y serait léger, comme les rires et les sourires. »

M. Franc-Nohain tout de même soupira ; une larme, je crois, mouilla sa paupière, une larme d'attendrissement, et il s'emballa à son tour :

« Et quand le rideau, un beau rideau fleuri, s'ouvrirait, les marionnettes apparaîtraient, frêles, puériles et paysannes, représentant chacune quelqu'un des types éternels de la pauvre humanité, et leurs voix enfantines diraient, sur des rythmes brisés, d'antiques et railleuses vérités. Et l'orchestre dissimulé jouerait des musiques folles et affolées, impudiques et chahutantes, burlesques et bouffes, et des musiques tendres aussi, et berceuses et lointaines, qu'aurait écrites M. Terrasse. »

M. Franc-Nohain se tut, et devant ses yeux éblouis des visions chères passaient. Il voyait le théâtre de ses désirs, il entendait les marionnettes, et les cuivres sonores, et les applaudissements des spectateurs ; il tendit les bras comme pour saisir ce rêve.

La petite marionnette ne parlait plus. Elle fit, fit, fit trois petits tours, et puis s'en alla. M. Franc-Nohain eut beau s'approcher du foyer et, s'étant mis à genoux, remuer les bûches et bouleverser les cendres... Elle avait disparu... Etait-elle même jamais apparue ?...

Et, jusqu'au matin, M. Franc-Nohain se le demanda, en cherchant dans la cheminée vainement.

WILLY

Pour Albert Guillaume.

M. Willy alluma une cigarette de Bird's Eye, s'étendit sur le divan, et, regardant monter et s'évanouir les volutes bleues de la fumée, il songea. La maison était déserte. Son secrétaire, l'indolent Paul Héon, essayait, à quelque Auteuil ou quelque Longchamp, de réaliser d'hyperboliques fortunes. Louise, servante modèle, potinait chez la concierge. La sonnette détraquée rendait tout visiteur inoffensif. Personne ne le dérangerait. Il tripota ses moustaches de matou, lissa ses derniers cheveux et poussa un soupir satisfait...

Et tout naturellement, une phrase qui le poursuivait depuis des heures vint à ses lèvres :

« J'ai conquis de la gloire pour avoir fait des calembours. »

Etait-ce bien de la gloire ? Signatures fréquentes en des journaux parisiens et provinciaux, en des revues jaunes, ou blanches, ou incolores, coupures nombreuses de gazettes que le fidèle *Courrier de la Presse* lui transmettait chaque jour, et qui disaient son esprit, admiratrices amitiés de dames bien vêtues et congratulations intéressées de musiciens-amateurs, et d'amateurs-écrivains... Peuh ! peuh ! ce n'était pas de la gloire.

Cette vérité l'ennuya, mais, par un scrupule honnête, il changea :

« J'ai conquis de la réputation pour avoir fait des calembours. »

De la réputation ? le mot ne lui plaisait point. M. de Montesquiou-Fesenzac en a, et M. Jean Rameau aussi, et M. Potin, et M. Peugeot. Chacun de nous a une quelconque réputation, réputation de brave homme, ou d'imbécile, ou de noceur.

Il varia encore :

« J'ai conquis de la notoriété... »

Cette fois ça y était... Notoire, ah! sans doute... Il pouvait le reconnaître, sans vanité ni fausse modestie... Et puis, le beau vocable! des o soutenus par des consonnes raides, solides... un é final aigu, tranchant... Comme il sonnait bien... Il le répéta, la bouche pleine... Une pensée pourtant l'agaça. Pourquoi, naguère, M. E. Lajeunesse avait-il oublié de le mentionner dans ses Nuits et ses Ennuis?...

Il ne convenait pas cependant de passer toute la soirée à ce futile exercice..... Il s'assit au piano, — un Pleyel, sûrement,... jamais un Erard, — et il tâcha de mettre sa phrase en musique, do, do, mi, sol, fa, ré, et, s'amusant de lui-même, il s'ingéniait à chanter comme son amie Héglon, ou comme M. Renaud... Pendant ce temps-là, au moins, il ne causait de mal à personne... Mais comme il levait la tête, il lui sembla que les portraits, les affiches, les pastels accrochés aux murs, souriaient en se moquant, et froissé, blessé, de se sentir observé, il essaya de rougir, n'y arriva point, et déambula dans la chambre, les pieds traînards, le derrière proéminent...

Il rangea un fauteuil, tapota un coussin, écarta en éventail quelques branches vertes, et, comme il se trouvait près de la bibliothèque, il s'arrêta, le cou tendu. Reliées en maroquin, ses œuvres occupaient tout un rayon.

Il sourit... Ces 3,50 contenaient toute sa notoriété. Rosseries musicales, blagues et à-peu près, érotismes et fleurs d'argot, scepticismes et railleries, recherches d'histoire et de chimie, que n'y avait-il pas là-dedans? Il s'approcha, posa un doigt respectueux sur chacun des volumes... un, deux, trois, quatre..... une trentaine en tout..... et il murmurait :

« *Maîtresse d'Esthètes... Un vilain Monsieur... Poissons d'avril... Rythmes et Rires... Bains de sons...Notes sans portée... La Ferrotypie, Le Mariage de Louis XV... Mark Twain.* »

Comme il les aimait, ses livres ! N'étaient-ils pas ses enfants, chérubins blonds et roses et rieurs, qu'il avait enfantés des soirs, à la clarté douce des lampes, loin des bruits vains des salons et des théâtres? Emu, il se recula pour mieux regarder, et son regard caressait tout le rayon. Une grande joie l'envahissait. Il crut même grandir et qu'une auréole scintillait autour de son crâne rose.

Il dut s'asseoir. Une cloche au loin tinta, la cloche de l'*Angelus* ; et, dans la paix de cette journée finissante, ces notes graves réveillèrent en lui des souvenirs d'enfance. Il se revit tout petit, tout petit, les mollets nus, avec un grand col marin, et jouant au cerceau. Comme il était naïf, et tendre, et bon, quoique batailleur! Souvent, même, il partageait son goûter avec un vieux pauvre barbu. Il se revit aussi collégien de Condorcet et de Stanislas; puis au Mans et à Besançon, splendide artilleur, botté, éperonné, shakoté, terreur des bleus et providence des sous-officiers affamés et assoiffés. Il éclata de rire au souvenir d'une grosse farce militaire, et, mis en gaieté, il se plut à se rappeler toute sa vie de littérateur...

Une pensée l'effraya cependant :

Il avait écrit des nouvelles et des romans ; il avait écrit des chroniques musicales et des chroniques d'actualité; il avait écrit des études sur Marie Leczinska, des livres sur la photographie, et traduit les mémoires d'un grenadier anglais. Que pourrait-il faire maintenant et pourrait-il faire quelque chose ?

La nuit venait tout doucement, enveloppant avec délicatesse M. Willy de son ombre. On entendait le roulement lourd des omnibus, et parfois des cris perçants soudain déchiraient l'air. De petites lueurs rouges au loin piquaient l'immensité, et, dans la chambre, les meubles et les tableaux devenaient plus sombres, plus confus. M. Willy aima cette obscurité et ce calme propices aux méditations, et, comme son chat Kiki-la-Doucette s'installait en ronronnant sur ses genoux, il promena sa main parmi ses poils soyeux.

« Kiki-la-Doucette, lui dit-il, beau chat, tendre chat, je suis triste, triste, si triste, que des larmes perlent à mes yeux ; car j'ai peur, j'ai peur, ayant parlé *de omnibus rebus et quibusdam aliis*, de ne plus rien trouver de neuf, et je ne veux pas me répéter. Que me conseillez-vous ? Vous bâillez : sans doute mes ennuis ne vous intéressent point, et vous regrettez le coussin sur lequel tout à l'heure vous reposiez votre corps onduleux. Ah! que je vous envie! Vous coulez des jours tranquilles. Les chattes qui miaulent d'amour sur les gouttières voisines ne parviennent pas à vous émouvoir. Votre sexe s'est enfui jadis, et d'ailleurs vous n'êtes pas un chat pour gouttière. Vous mangez à des heures régulières des pâtées succulentes, et quand vous ne dormez pas, vous vous amusez avec des boules de papier. Vous ne savez pas ce qu'est un calembour, un leit-motiv, une intrigue, une chronique. Vous ne connaissez pas votre bonheur... Mais, voyons, regardez-moi, souriez, et donnez-moi un conseil. Qu'offrirai-je désormais en pâture à la foule de mes lecteurs? Ai-je épuisé toutes les matières et tous les sujets? Écrirai-je encore un roman, ou des fumisteries, ou un parallèle entre Wagner et d'Indy, ou des vers latins, ou chanterai-je en sonnets ronsardisants la beauté câlineuse de votre race? »

Kiki-la-Doucette remua la queue et du coin de l'œil regarda son maître avec indifférence;

et M. Willy, plus attristé encore, se fit plus tendrement éloquent :

» Oh ! pourquoi restez-vous muet, Kiki-la-Doucette ? Jadis les peuples de l'Orient adoraient vos ancêtres, pour la beauté lente de leur corps et pour la sagesse profonde de leur âme, et les sorcières déchaînées qui habitent les cavernes partent encore au sabbat en compagnie de vos semblables. Je suis ce soir comme les peuplades anciennes et comme les sorcières : je crois en vous, car dans vos yeux fulgurants se cache tout le mystère de l'avenir et les frissons électriques de votre croupe symbolisent toute la volupté. Dites, ne me répondrez-vous pas, et à qui donc demanderai-je conseil, si votre silence dure ? Vous ne supposez pas que je vais m'adresser à mes amis ou à mes ennemis ; je serais bien reçu !

» Voyez : vous que j'ai réduit au joug, à qui j'ai appris à sauter des barrières et à courir après votre queue, c'est moi qui vous implore et vous supplie, en tendant vers votre bouche rose des bras humbles et quémandeurs. Quelle besogne dois-je entreprendre ?

Les gazettes me proclament un homme universel : je tiens à justifier ce titre glorieux. »

Kiki-la-Doucette ennuyé, essaya de filer ; mais son maître le retint et le prit dans ses bras et l'étreignit, et désespérément fixa sur lui ses regards inquiets. La nuit était venue. Les yeux de Kiki dans l'ombre brillaient comme deux boules d'or. Alors, avec lenteur et peine, de son pauvre museau secoué, sortirent ces mots, sans suite et de peu de sens comme ceux de la Sybille :

« Calembours... originalité... talent... confessions... tous grands hommes... Saint Augustin... Jean-Jacques... Paul Verlaine... »

Brusquement, un coup de sonnette retentit. Le charme fut rompu. Kiki-la-Doucette s'enfuit et disparut, pelotonné, sous quelque divan, et jamais plus, jamais plus, sa bouche ne s'ouvrit pour vaticiner.

ETIENNE GROSCLAUDE

FRAGMENT DES MÉMOIRES D'UN EXPLORATEUR

Pour Auguste Germain.

... Bien des chroniqueurs se sont demandé jadis, en apprenant mon brusque départ pour Madagascar, à quels mobiles j'avais pu obéir, et pourquoi je quittais pour une terre encore sauvage une ville où j'avais acquis quelque renommée. Il faut bien, puisque j'entreprends aujourd'hui d'écrire mes mémoires, que je contente enfin leur curiosité, encore que depuis longtemps, et de guerre lasse, ils aient cessé leurs faciles railleries à mon égard.

Félix Faure occupait alors la présidence de la République. Il jouissait d'une grande réputation d'honnêteté et n'avait en vue dans toutes ses actions que l'intérêt de l'État. La France cependant souffrait. Les politiciens, acharnés à la conquête des places et à la corruption des électeurs, se souciaient peu du pays. L'industrie et le commerce languissaient; le socialisme menaçait la base même de la société, et, loin de trouver un stimulant dans la fébrile activité des Anglais, des Allemands et des Russes, nous nous laissions aller à un débilitant scepticisme. Toute énergie, toute initiative semblait morte dans notre belle patrie. Les temps que prédit Isaïe étaient venus, les temps où les mains des hommes devaient se souiller de sang et leurs doigts d'iniquités; où leurs lèvres devaient proférer le mensonge et leur langue des paroles perverses.

Des scrupules naquirent en mon esprit, et des inquiétudes et des craintes. Je fis un retour sur moi-même et je m'attristai.

Je compris qu'il fallait cesser mes ironies; car, si agréable qu'il soit de railler son pays et ses concitoyens, il est préférable encore de les plaindre et de travailler à les rendre meilleurs, et je sentis que la France me réclamait. Cependant je ne savais comment me rendre utile.

Or, un soir, comme je songeais, je regardai machinalement le petit éléphant de porcelaine rouge qui dormait sur ma table, et voilà que le petit éléphant me regarda aussi, gentiment, avec de bons yeux tout ronds, en agitant sa trompe. Tout de même, j'eus quelque étonnement ; je crus rêver et cherchai un binocle. Le petit éléphant sourit ; il éleva encore sa trompe, puis la baissa, et, comme s'il n'avait jamais fait autre chose, il parla. C'était un petit éléphant bien dressé.

« Pourquoi cet œil effaré, ô mon maître, et pourquoi me contempler avec tant de surprise obstinée ? Ne sais-tu pas que nous aussi nous parlons ? Tu me peines. Depuis des années tu t'assieds à cette table, chaque jour, et chaque jour tu alignes des jambages noirs sur du papier blanc, et tu as, paraît-il, beaucoup d'esprit. Cependant ton métier t'ennuie et tu t'ennuies d'avoir tant d'esprit. Que de gestes découragés tu as ébauchés ici, en commençant ta besogne coutumière, et que de bâillements même pas étouffés! Tu te croyais seul et tu permettais à ton âme des épanchements en termes familiers, mais j'étais là. Je te connais, je te connais tout entier, et tu rêves une vie différente, une vie plus utile, plus noble, et tu te désespères de ne pas la trouver.

» Et le remords des bouffonneries passées déchire ton âme.

» Ah! tu peux rougir, et pâlir, et te frapper la poitrine, humblement et fortement. Qu'as-tu fait jusqu'ici? Depuis des années, tu publies dans les gazettes des proses de pince-sans-rire, sur les quotidiens événements, et nul ne manie la blague avec un art plus perfide et savant. Ta philosophique irrévérence, fille d'un nihilisme absolu, ne respecte rien. Assassinats, pestes, inondations, banqueroutes, elle joue avec les plus épouvantables scandales et badine avec les plus douloureuses misères, comme si toute chose n'avait de prix que pour le rire qu'elle éveille, et les calembours qu'elle suggère.

» Réfléchis donc et souviens-toi et repens-toi. La catastrophe de l'Opéra-Comique, au lieu de pleurs et de conseils, ne t'a fourni qu'un baroque article pour annoncer la fermeture des bains Deligny. Tu prétendais que leur entière construction en bois les exposait particulièrement aux dangers du feu. La déplorable affaire des croix d'honneur (Limousin et Caffarel) t'a servi de prétexte à d'équivoques racontars sur le Panthéon dont on entreprenait la décoration. La prodigieuse découverte de microbes et sérums divers n'a été qu'une occasion pour toi de discourir sur l'existence du Bacillus Scenafairius (Bacille de la scène à faire) et du virus sarceyen ou antisarcine. C'est là tout ce que ton intelligence, en des circonstances inquiétantes, a su et pu produire. Ah! pauvre! pauvre! »

Je rougis, je l'avoue. Le petit éléphant voyait clair dans mon cœur, et chacune de ses paroles accroissait mon chagrin. J'eus honte de moi. Ainsi cette barbe épaisse et soyeuse qui ornait mon menton, ce front haut, large, sérieux, ces épaules carrées, ce buste droit et

10.

solide, tout cet extérieur d'homme fort et grave, quelle duperie, quel trompe-l'œil ! Je n'étais bon qu'à gribouiller sur du papier de petites chroniques, des chroniquettes blagueuses et ironiques. J'appartenais à ce genre d'êtres et de choses qu'on étiquette « bien parisien », et ma gloire ne dépassait pas les boulevards. Ah! pourquoi posséder une si enviable anatomie, puisqu'elle mentait si férocement!

Je n'eus pas le loisir de me blâmer davantage.

Le petit éléphant me fixait, et ce regard m'ennuyait, me gênait, m'irritait. Je voulus m'en aller. Il agita sa trompe, souffla et poursuivit :

« Tes œuvres te dégoûtent, je le vois bien. Tous ces clichés, tous ces poncifs, que tu empruntes à la politique, au journalisme, à la science, à l'administration, et dont tu te composes sans défaillance une langue ineffable de tenue et d'impersonnalité, tous ces poncifs, tous ces clichés, te remontent aujourd'hui dans un exécrable haut-le-cœur. Quelle drôle d'existence que la tienne, et combien vide et vaine! Avoir seulement rêvé, durant les jeunes années d'ambition, d'écrire comme un maire de village ou un capitaine de pompiers, et y avoir réussi avec un incomparable succès! Quelle ironie pour un ironiste! La littérature — ta littérature — te transforme en épicier. »

Alors il me sembla qu'un dieu inconnu et bienveillant prenait cette forme pour me parler et me sauver. Je me mis à trembler. Un long frisson me secoua tout entier. Je joignis les mains, et, comme au temps lointain où, tout petit garçon, je m'agenouillais le soir au pied de mon lit, une prière monta à mes lèvres :

« O créature étrange, qui que tu sois, dieu, animal ou fantôme, je te supplie de me conduire vers le but mystérieux que je rêve vainement. Tu as deviné la plaie secrète de mon âme, ne peux-tu pas aussi la guérir? Oui, je veux agir, je veux vivre. Mais que faire pour agir, pour vivre? je ne sais. Oh! toi dont la parole est toute vérité, je remets mon sort entre tes défenses, et je m'incline devant ton arrêt. »

Le petit éléphant ne montra pas trop de surprise; il remua ses longues oreilles et fixa sur moi des yeux pleins d'une tendre pitié.

« Je ne suis, dit-il, ni dieu ni fantôme. Je suis un petit éléphant, un tout petit éléphant, comme on en voit encore quelques-uns sur la terre africaine. Pourquoi ne m'as-tu pas regardé plus tôt? Avec un peu de complaisance, j'aurais évoqué en ton esprit toute l'immensité des autres continents. Regarde-moi encore. Ne vois-tu pas les paysages brûlants du pays noir? le désert de sable, et les lacs fangeux, et les forêts vierges, et les torrents encombrés de rochers? Ne vois-tu pas les lions rugissant à la tombée du soir, les caïmans qui sommeillent la gueule ouverte, au bord des fleuves, les chacals qui hurlent dans la nuit, les nègres dévorant autour d'un feu les cadavres maigres d'Européens, où s'enfuyant tout nus à travers les bois en agitant leurs zagaies? Regarde, regarde... Ne vois-tu pas là-bas, là-bas, toute une caravane engagée dans la brousse, des porteurs noirs, des mulets ? Elle se déchire aux épines, elle enfonce dans les marais ; soudain des coups de feu dégringolent des branches, des cris sauvages retentissent, et elle disparaît dans le bruit et la fumée... Ce sont des explorateurs qui meurent pour leur patrie et pour l'humanité ! »

Je me levai brusquement. Des explorateurs ! Une lumière soudaine m'éblouissait. Oui, loin, loin, sous un soleil étouffant, parmi des arbres gigantesques et près des rivières couvertes d'herbes géantes, j'apercevais des bêtes fauves et des sauvages ; j'entendais des cris, des hurlements, des coups de feu. Des gouttes de sueur perlèrent à mon front. Mon cœur battit plus fort... Il me sembla que ma chambre était trop petite, trop étroite, et que j'allais étouffer. J'avais besoin d'air et d'espace... Explorateur ! explorateur !

Le petit éléphant, d'une voix moqueuse, réprima cet emballement.

« Ecoute, dit-il. On se fichera de toi ; certains même attribueront à ta courageuse, mais imprévue décision, des mobiles peu estimables. « Explorateur, ricaneront-ils, un casque en liège, un complet de flanelle blanche, un rifle, un palanquin, un canot démontable, c'est le bric-à-brac de l'emploi qui l'a séduit, et aussi les faciles triomphes du retour, conférences à la Société de géographie, à l'Hôtel des Sociétés savantes, à l'Association philotechnique, rapports, discours, médailles commémoratives, titres, décorations. » As-tu vraiment la foi, et oseras-tu braver les quolibets et les lazzis? »

Je ne répondis rien, et le petit éléphant se tut. Le soir tombait; un bruit sourd arrivait de la rue jusqu'à moi. Etonné, hébété, je risquai un coup d'œil vers la bête qui venait de me parler. Elle demeurait muette et immobile, et rien ne pouvait laisser supposer qu'elle m'eût tout à l'heure tenu de si sages discours. Je pensai avoir été le jouet de quelque hallucination, et, m'enfonçant dans mon fauteuil, je rêvai et songeai.

Et des jours se passèrent qui firent des semaines et des mois, et j'hésitais à partir. L'été rayonnait, et jamais les femmes ne m'étaient apparues plus belles et plus désirables. Des pleurs gonflaient mes yeux à l'idée de fuir en des régions inconnues, loin des Italiens, de l'Opéra, et des salles de rédaction... Et pourtant, frêle et basse, la voix de ma conscience me gourmandait sans cesse... Quand je m'asseyais à ma table de travail, je sentais peser sur moi l'ironique regard du petit éléphant en porcelaine rouge, et je devinais son sourire d'humiliant dédain. Toutes les petites traditions tyranniques du boulevard me retenaient encore.

Enfin, cette lutte prit fin. Le général Gallieni devait se rendre à Madagascar pour pacifier et organiser notre nouvelle colonie : je vis là une occasion imprévue et unique. Quelques démarches m'accordèrent une mission dans la grande île africaine, et le 10 août 1896, à quatre heures et demie, je montai à bord du *Yang-Tsé*.

C'est ici que commence le récit de ma première exploration...

. . . .

MÉDAILLES DE CHOCOLAT

Pour Edmond Lepelletier.

MAURICE BEAUBOURG

Droit, le nez en l'air, le chapeau en arrière, M. Beaubourg s'en va par les rues sans souci des bousculades et des attroupements. Quel âge a-t-il? Mystère. Souliers Molière, chaussettes claires, joues rouges, binocle et cheveux blancs et parapluie de famille: est-ce un clergyman, un pasteur genevois, ou un anabaptiste? M. Beaubourg déambule, le regard vers le ciel.

C'est en vain que les yeux des passants cherchent, sortant de la poche du manteau, la Bible coutumière et indispensable: M. Beaubourg est un littérateur. De-ci de-là, on l'aperçoit en Odéonie, à la Bibliothèque nationale, chez son éditeur, aux Funambules, à Bruxelles, à Saint-Mandé; mais bientôt il disparaît, on ne sait où, on ne sait comment. Il aime la retraite, il a des goûts tranquilles et réguliers.

Et pourtant cet homme, jeune à la fois et vieux, aux pas si calmes et si lents, derrière lequel on voudrait voir des miss très longues, très sèches, très jaunes, raille solidement, amèrement, profondément, les petits bourgeois, dont il diffère si peu d'apparence. Bien plus, cette façon d'ermite, qui se plaît aux choses de silence et d'ombre, écrit des contes pour les assassins, et prise littérairement souteneurs et pierreuses; car pour si bien dépeindre, comme il le fait, les villégiatures de ces messieurs et dames au Bois de Boulogne, il faut, n'est-ce pas? les aimer, comme un peintre d'horreurs aime ses modèles.

Vivante énigme, M. Beaubourg passe, les yeux vers les nuages.

MAURICE CURNONSKY

Du ventre déjà, et des joues grasses qui tombent; une démarche lente et paresseuse, des yeux de bon enfant qu'abrite un binocle, un rire sonore qui gronde dans le gosier et sort en intarissables secousses : M. Maurice Saillant, plus connu sous le nom de Curnonsky, détient dans le quartier des Feuillantines le sceptre de l'ironique gaieté.

M. Curnonsky, en effet, depuis qu'il cessa de prétendre à la couronne de France, règne sur une certaine jeunesse littéraire, de la rue Gay-Lussac à la place Saint-Michel. Il trône au bar du Panthéon, il trône au restaurant de la Côte-d'Or, il trône au bal Bullier. Non pas qu'il écrive beaucoup; il griffonne si peu qu'il ne sied pas d'en parler, et les livres qu'il prépare, ses amis en attendent vainement depuis des années la retentissante publication. Ses occupations féminines sont trop nombreuses, son italienne fainéantise le retient trop au lit et les boissons américaines le charment trop. Mais il a de l'esprit : causeur potinier, il possède le sens du comique, et n'oublie pas de le montrer, en exerçant ses railleries sur ses camarades, ses ennemis, ses connaissances. M. Curnonsky se trouve passer pour un humoriste, sans qu'un éditeur ait lu ou même aperçu une ligne de ses œuvres.

Que voulez-vous? il aime mieux vivre en dilettante qu'écrire, et, comme il a des rentes légères, le rôle qu'il choisit de jouer vaut qu'on l'envie un peu, un tout petit peu.

PAUL GAVAULT

Blond, si blond et si pâle, les yeux bleus, si bleus, couleur de myosotis, si ronds, si doux et si rêveurs, le corps un peu penché, un peu lassé, M. Gavault descend vers le boulevard. Barbouchat le suit, caniche noir, presqu'ourson, et comme il pleut, Barbouchat se précipite sur les passants, et par amusement les couvre de boue. M. Gavault regarde et sourit.

Ce sourire et ce regard symbolisent tout son talent. Comme ce sourire, son ironie est légère, et gaîment s'amuse de ceux qu'elle pique et d'elle-même. Comme ce regard, elle se voile cependant d'une tristesse discrète. M. Gavault semble rougir de notre pauvre humanité et la plaindre en même temps qu'il se divertit à la piloriser. Snobisme de naïfs jeunes gens provinciaux qui viennent chercher et pensent trouver à Paris, dans les lettres, gloire et richesse ; sécheresse de cœur, hypocrisie et avarice des vieux oncles riches et célibataires : M. Gavault ressent pour ces vices ou ces ridicules de la pitié et du dédain, et se plaît aussi à en tirer pour lui plus encore que pour les autres quelques sujets de joies tranquilles. J'imagine qu'il collectionne des railleries internes, et qu'aux heures d'ennui, il se distrait à les éveiller et à les savourer, dans la pénombre d'un cabinet silencieux.

Blond, si blond et si pâle, les yeux bleus, si bleus, couleur de myosotis, si ronds, si doux et si rêveurs, M. Gavault descend vers le boulevard. Barbouchat se précipite sur les passants.

M. GAZIER

Court de jambes, les yeux clignotant derrière les lunettes, le ventre proéminent, M. Gazier, ancien élève de l'Ecole normale, docteur ès lettres, monte les marches qui conduisent à la Sorbonne. Une tache rouge marque sa boutonnière, ses pantalons s'évasent et son derrière bat ses petits mollets.

M. Gazier professe à la Faculté : il prétend qu'il y enseigne la littérature française depuis ses origines jusqu'à nos jours : aimable fumisterie ! M. Gazier, quoique janséniste et grisonnant, apparaît comme un humoriste délicieux, tout simplement, et la littérature française ne sert que de matière à son humour.

Nul mieux que lui ne pratique en effet l'art subtil du pince-sans rire. Il a joué à M. de La Fontaine, le fabuliste si apprécié, un tour que Paul Masson eût regretté de n'avoir pas conçu : il a classé ses fables par ordre de difficulté : il y a les fables faciles, les fables de difficulté moyenne, les fables difficiles. Il y a joint un cours d'histoire naturelle, où, jaloux sans doute du célèbre inconnu qui inventa le langage des fleurs, il décrit les animaux par les vertus et les vices qu'ils représentent : le lion est l'emblème du courage militaire ; le sanglier l'emblème de la grossièreté. Il y a semé aussi quelques définitions qui resteront : « Les pigeons sont de beaux oiseaux qui se nourrissent de grains », et quelques détails pleins d'originalité : « Le renard ne peut pas grimper sur les arbres et chasser les moineaux comme le chat. » Il n'a pas oublié d'ailleurs de nous apprendre que le pigeon a 0^{m}30 de long, la taupe 0^{m}10 de taille, le vautour 1 mètre de haut. Je trouve exquise cette ironique pose à la stupidité.

Vraiment M. Gazier est passé maître en ce

genre d'exercice. Il se délecte à dire d'un air très sérieux et très convaincu des pensées naïves et dénuées de sens. Il écrit : « Toute œuvre qui appartient à la littérature française a pour caractère essentiel d'être écrite en français », et « Il est permis de croire que V. Hugo vivra surtout comme poète lyrique », et « Ces deux auteurs, quoique du même pays, ne sont pas du même âge. » M. T. Bernard fit-il jamais mieux ?

J'eus l'honneur et la joie d'avoir pour maître M. Gazier au temps proche encore où je préparais des licences, et je souffris de voir qu'on ne le comprenait pas. On exigeait de lui des qualités de professeur. On ne saisissait pas qu'il appartenait à la noble famille des A. Allais et des P. Veber. Qu'il me permette, en témoignage de reconnaissance, de remettre toute chose au point, et de lui rendre ainsi sa place parmi les humoristes, ses frères.

AUGUSTE GERMAIN

M. Auguste Germain est un homme heureux : bouche pincée, moustache brune, lisse et retroussée légèrement, il trouve à vivre un charme infini, et un sourire coquet et coqueteur plisse toujours ses lèvres.

Un railleur, sans doute, persifleur et siffleur ? Ah ! cet auteur dramatique est au contraire le plus sentimental des hommes quand il ironise. Sa moquerie s'enveloppe et se pare de mélancolie, et des larmes légères viennent s'y suspendre. Le sourire de M. Germain est fleuri de bonté.

Une vieille guitare, votre âme, n'est-ce pas, monsieur, une vieille guitare qui rend de si tendres sons, si pitoyables, si rêveurs, et qui chante parfois, quand vous le voulez bien, de ces airs lointains et délicieusement fanés et pleins de souvenirs, comme nos grand'mères, les jours de bonheur, en chantonnaient encore, près du foyer...

Grandes misères des petits métiers, et petits tourments des grandes positions, joueurs et joueuses des cours, vieux mendiants, trottins anémiés, théâtreuses et cocottes et danseuses, demoiselles de magasin, calicots et couturières, vous avez pour tout ce qui souffre et peine, ou croit peiner et souffrir, des pitiés et des caresses... Il est vrai que vous y trouvez notre amusement.

JEAN GOUDEZKI

De grosses joues, des manières d'éponges piquées de poils blonds et frisottants, un grand front bossué au-dessus duquel, toujours agités, toujours furieux, se démènent des cheveux en bourrasque : M. J. Goudezki, aux Quat' z-Arts, ou au Bar du *Journal*, ou à la Maxéville, boit des bocks, ballons ou demis, et demis plutôt que ballons, et fume des cigares, londrecitos, favoritos, aromaticos, le nez écrasé, et les yeux clignotants.

M. Goudezki est-il un humoriste ? Qui sait ? D'aucuns disent que oui ; d'autres plus nombreux ne disent rien, ne le connaissant pas.

M. Goudezki courtise tant la paresse!... De ci de là on aperçoit quinze à vingt lignes de lui, d'une fantaisie un peu enfantine, mais si joviale... quelque chose comme les cabrioles d'un chansonnier montmartrois qui aurait de la littérature, et c'est tout. M. Goudezki se repose et absorbe.

Non, M. Goudezki n'est pas un humoriste : il appartient à ces hommes courageux qui veulent sauver notre pays. Il fréquente la *Libre Parole*, il y prêche la guerre sainte, il y chante d'une belle voix tonitruante des Marseillaises antisémites, en s'accompagnant de sa canne sur les tables de la rédaction, et il y dévore à dents affamées des Juifs : et voici, hélas! que pour le punir, le Dieu d'Israël lui donne peu à peu la figure jaune d'un vieux juif alsacien, marchand d'antiquailles.

Mais alors, pourquoi nous parlez-vous de lui?

ERNEST LAJEUNESSE

Grand et dégingandé, les lèvres lippues, M. Lajeunesse traîne ses pieds du Napolitain au *Journal*, et du *Journal* à Calisaya. Et sa voix blanche émet des paradoxes et des rosseries.

Vraiment, ce diable gras et long, dont les joues se hérissent toujours de poils mal taillés, ressemble en quelque chose à Swift. Il a sa verve mordante, son humour emporté, sa raillerie terrible. De tous les nobles représentants de la jeune génération, il est celui qui possède le sens critique le plus aigu, et le plus aiguisé. Il a dit sur certains des maîtres vivants ou morts les vérités les plus cruelles, et les a gratifiés des grimaces les plus terriblement gavroches, en exécutant, par irrespect pour eux, de clownesques cabrioles.

M. Lajeunesse n'a pas voulu continuer. Il eût pu se maintenir notre critique le plus original et le plus amusant. Il a préféré devenir romancier, et le voilà maintenant qui vogue à pleines voiles sur les flots du lyrisme et du pathos... et c'est bien regrettable, pour nous, tout au moins.

CHARLES MOUGEL

Paul Masson n'est pas mort tout entier : il survit en M. Mougel.

M. Mougel, en effet, juge inutile d'écrire des romans ou des nouvelles de pince-sans-rire : il n'est humoriste que par ses actions. Homme de théâtre par goût et par profession, il considère la vie comme un continuel prétexte à vaudeville, et ne trouve de prix à l'existence que s'il l'encombre d'incidents imprévus pour ses semblables. Le hasard ne lui semble pas assez fertile, et patiemment, avec une ingéniosité jamais lassée, il le rend toujours plus fantaisiste. Ses exploits sont nombreux.

Il adore organiser en silence des envois de

témoins imaginaires et des duels fictifs qui bouleversent de petites âmes craintives ; il ahurit anonymement des cafés-concerts, aux jours de revues, en intervenant dans le scandale traditionnel, affolant les cabots installés à l'orchestre et entamant des colloques inattendus et coqualânesques avec le compère ; en deux minutes, il enlève en douceur à de gros messieurs cossus et provinciaux les belles petites qu'ils promenaient avec pompe, en enjoignant à ces brunes ou blondes enfants, qui ne le connaissent d'ailleurs pas, de le suivre immédiatement, comme s'il était leur frère. Mais son triomphe est de mystifier discrètement les mystificateurs professionnels. Ravaut et Paul Masson furent de ses victimes.

Et cependant ce fumiste redoutable possède la barbe abondante et les yeux sentimentaux des grands garçons doux et tendres, et ces signes ne mentent pas. Son public en effet se restreint à lui-même : il ne cherche qu'à enrichir sa vie de joies que lui seul savoure. Il mystifie avec bonté.

Vous l'approchez, vous lui parlez, et tout de

suite votre cœur ressent pour lui de la sympathie, vous lui dites vos pensées, vos joies et vos ambitions, vous vous confiez à lui... Laissez s'enfuir quelques jours... un bateau, un matin ou un soir, vient à vous, et vous y montez, tranquillement, avec sérénité, en remerciant le batelier. Mais vous n'avez pas le temps de vous noyer. Le bateau s'arrête, au moment précis où vous pourriez boire un coup. Vous voilà sauvé, tout s'éclaircit à vos yeux, et vous êtes incapable d'en vouloir à celui qui le confectionna et le conduisit. Vous riez le premier de votre bêtise et de son habileté.

P.-J. TOULET

Il est minuit : la figure penchée, le corps un peu voûté, M. P.-J. Toulet entre au bar du Panthéon. Calme, ses mains pâles et longues effleurant sa barbe jaune, il regarde de ses yeux tristes ces femmes qui crient et ces hommes qui hurlent... Il s'asseoit dans un coin avec des amis ; un cocktail bientôt brille devant lui. Il s'écroule sur un banc, allonge ses jambes, et ses mains, encore et toujours, paresseusement, frôlent et caressent sa barbe jaune.

Il ne dit rien : il songe. Il rêve sans doute à quelque livre étrange, comme M. du Paur, à quelque étude curieuse et troublante de psychologie sadique et d'ironie glaciale. Peut-être aussi rêve-t-il à Pau, la ville de son enfance, aux Pyrénées, et au soleil du Midi. Peut-être aussi ne rêve-t-il pas. Lentement, à petites gorgées, il boit.

Mais soudain, un mot qu'il a surpris, l'émeut. Il se dresse, et des phrases quittent ses lèvres, rapides, pressées, passionnées... et des idées, originales, précises, fines, s'enfuient de lui, au hasard. Il jette, au milieu des fumées et des rires, à demi-voix, les trésors de son âme et de son intelligence... Puis, quand il juge qu'il a suffisamment parlé, il se tait, il songe de nouveau, et de nouveau, ses mains errent parmi les poils jaunes de sa barbe.

LE FAUX HUMORISTE

Tendrement bébête, il porte des pantalons à la hussarde, des vestes-vareuses ou des redingotes 1830, des hauts-de-forme à bords plats et des cravates bouffantes, négligemment nouées autour d'un col rabattu. Il manie d'une main fière une canne grosse, grande, belliqueuse, dont le fer résonne sur le pavé, et naturellement il habite Montmartre, tout en haut de la butte sacrée, parmi les chansonniers, ces faux poètereaux, et les m'as-tu-vu des petits cafés-concerts, ces faux cabotins. Comme jadis cette colline fut un royaume d'esprit, il s'imagine qu'il a hérité des qualités qui jadis triomphèrent rue Victor-Massé. Il possède la douce et vaniteuse innocence des imbéciles et des ignorants. Il me rappelle les marmots qui singent les soldats, en brandissant des sabres de bois et en battant la charge sur des casseroles d'étain, ou les fades employés de nouveautés qui, le dimanche, s'ingénient à imiter les p'tits jeunes gens cossus des restaurants de nuit.

Parce qu'il écrit des dialogues entre habitués de manille, ou des colloques de concierges, ou des monologues de poivrots, et représente sur des scènes éphémères des actes pitoyables, il se croit du talent. Si on le poussait, il parlerait de son étoile, et avouerait, avec un air modeste, qu'il est presque génial et que Molière lui semble un fort insignifiant monsieur. Il proclame qu'il possède, au plus haut point, le don d'observation, que nul ridicule ne lui échappe, et qu'il note toutes les risibles manies de ses contemporains en traits d'une flagrante vérité. Il en est tellement convaincu qu'il mettra un jour sur sa carte de visite : X..., humoriste, officier d'académie. Il a parfaitement oublié qu'il plagie à chaque minute, pour vivre, G. Courteline, A. Allais, T. Bernard, et qu'il réédite, sans payer le moindre droit de reproduction, les innombrables calembours que M. Willy a généreusement gaspillés aux quatre coins de la France.

Comment s'appelle-t-il ? Vraiment, lui et ses semblables, qui sont légion, ne valent pas qu'on les cite. Ce serait une inutile réclame. J'en connais dont le nom commence par la dix-septième lettre de l'alphabet : je pense devoir m'en tenir là ; on peut leur graver à tous, en étiquette, sur le front, cette initiale.

L'ENTERREMENT DE M. ARMAND SILVESTRE

> La gaieté de nos pères et d'Armand Silvestre est parmi les choses les plus fétides qui soient.
> (Pierre Veber, *Vie de Bill Sharp*, page 31.)
>
> On l'a porté en terre
> Miron ton ton ton, mirontaine.
> (Chanson de Marlborough.)

Pour Th. Acker.

Ce fut un bel enterrement. M. Hepp, le matin même, avait tressé, dans sa *Quotidienne*, une tendre guirlande funéraire en l'honneur du mort, et M. Henry Fouquier avait sorti de sa mémoire quelques souvenirs du jeune âge.

A travers les rues ensoleillées, le char s'en allait, suivi de commis-voyageurs ventrus, d'égoutiers peu lavés, de trottins anémiés, de collégiens aux yeux battus, et tous les pétomanes de France jouaient une marche sentimentale. Une voiture de la compagnie Richer pliait sous le poids des couronnes.

C'était aussi la vieille gaieté gauloise que l'on menait au champ du repos.

Et quand le cortège atteignit le Père-Lachaise, les mouchoirs s'imbibèrent de pleurs, des soupirs se mêlèrent à des sanglots, et M. Crozier, s'avançant vers la tombe, prononça au nom du gouvernement ces quelques mots :

« Maître,

» La mort, messieurs, ne cesse de frapper les chefs les plus fameux des lettres françaises : hier nous perdions M. Simon Boubée, avant-hier M. Xanrof, il y a trois jours M. Rameau ; c'est ajourd'hui M. Armand Silvestre qui disparaît.

» Il est mort par une journée de printemps semblable à celles qu'il aimait décrire. Rien n'y manquait. Les hirondelles sillonnaient le ciel bleu et pâle de leurs vols rapides et droits, et des rayons de soleil divinement timides encore glissaient sur les chaussées et les maisons. Des femmes passaient en robes claires avec des caresses dans les yeux ; les faces larges des cochers rougeoyaient et leurs injures montaient dans l'air, en même temps que des bruits de baisers. L'odeur des lilas à peine éclos parfumait les rues. Et je trouve cruellement ironique que, chantre éperdu des premières feuilles et des premières fleurs, il ait choisi pour s'enfuir un matin d'avril. J'eus voulu qu'il nous quittât un soir d'hiver. Sa mort eût gagné en tristesse. Nous aurions pu croire qu'il succombait à un languissant regret de l'été défunt.

» Hélas ! qui le remplacera? M. Silvestre appartenait à cette forte race d'hommes qui, après dîner, entre la fine champagne et le cigare, déboutonnent leurs gilets pour rire avec plus d'éclat au récit de farces odorantes. Il était le dernier de ces auteurs joyeux dont les œuvres s'intitulent *Contes grassouillets*, *Contes irrévérencieux*, *Contes inconvenants*, *Desserts gaulois*. Il représentait enfin cette vieille gaieté française dont l'inépuisable verve s'exerce sur les effluves printanières, les derrières charnus, les pétarades et les parfums des gaz humains. C'était là son bien, son champ de labour, et il le tournait, le retournait avec une infatigable ardeur et une prodigieuse fécondité. Auteur concis, il pouvait décrire en quarante lignes les jambes d'une plantureuse hôtelière, peindre en dix pages le soleil ou la nuit, analyser avec quelques centaines de mots les incongruités les plus diverses. Véritable poète lyrique, il passait sa vie à mettre bas ses chausses, à les enlever aux autres, et à contempler avec des emportements attendris certaines lunes rondes et fleuries.

» Souvenirs, souvenirs, envolez-vous, envolez-vous. Vers quinze ans, à l'âge des émois nouveaux, j'ai beaucoup pratiqué M. Silvestre. Les *Joyeusetés de la Semaine* m'aidèrent à supporter la dureté des bancs où je continuais à user mes culottes, et m'offrirent quelques joies secrètes dans le calme lycée de province où mes jours paresseux s'écoulaient. Je ne me rappelle pas sans émotion les heures exquises où, tantôt caché derrière mes livres, tantôt accroupi en des lieux retirés pour des besoins intimes, je savourais les hebdomadaires fantaisies du grand écrivain. Jusqu'entre les lignes de mes grammaires surgissaient, — ah! combien troublantes — des femmes aux seins opulents, aux fesses immenses, et si grasses, si grasses... Encore éveillé dans mon petit lit, j'entendais parler ses héros, le commandant Laripète, l'amiral Lequelpudubec; le prestigieux Cadet-Bitard, surtout, ce vigoureux retrousseur de robes, agitait mes sommeils : j'enviais sa robustesse et ses innombrables bonnes fortunes, et je rêvais de l'égaler. Je dois à M. Silvestre les premières scories de mon âme et mes premiers boutons. Bientôt, au cours de mes vénales aventures d'amour, je connus que les couturières, comme les professionnelles prêtresses de Vénus, ressentaient pour lui une vive admiration. Il n'est pas une chambre d'hôtel garni où mon regard ne soit tombé sur les numéros de la *Gaudriole* qui reproduisaient quelqu'une de ses nouvelles. Plus tard, les voyages m'apprirent que les commis-voyageurs en faisaient leurs délices, le soir à table d'hôte, au moment du café. Des amis, enfin, qui durent, une année entière, solder une vieille dette à la patrie, m'écrivirent qu'il jouissait auprès des sous-officiers d'une particulière notoriété. Les adjudants même, si défiants à l'ordinaire de tout caractère imprimé, achetaient le supplément du *Gil Blas* quand il portait en manchette le titre de l'un de ses contes.

» Des esprits chagrins, il est vrai, les humoristes, des littérateurs qui se contentent d'observer la réalité et d'en dégager le comique, n'aimaient point M. Silvestre. Les mots roturiers pourtant ne les épouvantent point, et ils sourient aux gaillardises quand elles s'enveloppent de grâce discrète. Mais ils disaient qu'il est certaines choses qu'il faut à peine toucher, pour qu'elles gardent tout leur charme, que les secrets des alcôves par exemple veulent autour d'eux une ombre ténue, et l'exercice de nos fonctions naturelles un mystère rarement pénétré. Ils disaient encore que l'âme de M. Silvestre ressemblait à celle de ces gros moines paillards qui, jadis, dans les cabarets du pays latin, tripotaient les Margots, et que ses doigts lourds et boudinés pétrissaient avec trop d'obstination toutes les fanges. Ils ajoutaient que, loin de les faire rire, il les agaçait ou les ennuyait, car ils connaissaient tous ses procédés. Ils savaient que dans toute nouvelle il y aurait : 1° un coucher ou un lever de soleil ; 2° Une invocation à la nature, mère de l'amour ; 3° une jeune femme très rablée et très roublarde ; 4° un vieux monsieur, son mari, commerçant ou fonctionnaire, très faible ; 5° un jeune homme, son amant, hardi, ferme, et d'un esprit fertile en ruses érotiques. Ils présumaient aussi que les pages seraient mal odorantes. D'aucuns même, pour avoir lu beaucoup en Sorbonne les conteurs du moyen âge, insinuaient que M. Silvestre les avait lus aussi, avec trop de soin. »

M. Crozier ici se recula un peu. Les têtes se penchaient, affligées ; les larmes augmentaient, les sanglots secouaient les poitrines, et comme le soleil devenait plus chaud, les bottes des égoutiers se permettaient quelques familiarités. M. Crozier tendit le bras droit avec douleur ; il entamait sa péroraison :

» Et maintenant, vous n'êtes plus, ô maître. Déjà nous avions pleuré la mort de Tortoni, du Café Riche et de la Librairie nouvelle ; déjà nous avions chanté, selon les rites, le trépas du boulevard. Voici qu'à son tour la vieille gaieté française exhale son dernier soupir... Ah ! si vous pouviez, du haut des cieux, voir la tristesse de tous ces braves gens qui vous ont accompagné ici... Leur douleur me navre. Ils sentent bien que la perte qu'ils font ne peut se réparer : Adieu pornologie, scatologie, gynécologie... ils restent désormais sans littérature, car ça n'est pas M. Bourget, M. Loti ou M. Theuriet qui vous remplaceront auprès d'eux, et ça n'est pas moi non plus, ni le poète des hortensias bleus... Ah ! »

M. Crozier ne continua pas : brusquement la foule des auditeurs fut bousculée ; des coups de poing meurtrirent les dos et les poitrines ; des jurons retentirent. Un vide enfin se fit...

menaçants des hommes s'avancèrent... Et
c'étaient l'amiral Lequelpudubec, le commandant Laripète et M. Cadet-Bitard, tout de noir
vêtus et larmoyants, qui venaient sur la première pelletée de terre jeter et éparpiller la
fleur odorante de la reconnaissance. Les astres,
dans la nue impassible et béante, « versaient
leur rayon d'or pareil à des regards ».

L'HUMOUR CHEZ LES CLOWNS

> Ils ne comprennent pas ce qu'il y a de vraiment esthétique et de profondément philosophique dans les attitudes du clown.
> Bill. Sharp. (*Dans les Coins*, p. 13.)

Pour Georges Acker.

J'aime le cirque à la folie. Les lumières y sont douces, les fauteuils bien rembourrés, les ouvreuses assez affables; la musique, si différente de celle de Wagner, me séduit et je la comprends. De tous les côtés, des rires fusent, de petites mains applaudissent, de petites bouches crient bravo; redevenu pour quelques heures semblable aux babys joufflus et potelés, blonds ou bruns, qui m'entourent, j'y savoure délicieusement des joies calmes et reposantes et simples.

Mes yeux amusés regardent sans se lasser les écuyères légères, aux mollets nerveux, aux bras souples, sauter en pirouettant des obstacles et fuir à travers des cerceaux de papier. Leurs sourires vaniteux, leurs mines ennuyées, même les baisers commandés qu'elles jettent au public du bout des doigts, ravissent mon âme de grand enfant. Plus que les chevaux de course, ces aristocratiques poseurs, plus que les chevaux de cavalerie, ces snobs belliqueux, les chevaux d'hippodrome me charment. Ils savent piaffer d'un pied mondain, et remuer la tête gentiment; avec une grâce naturelle à la fois et apprise, ils époussettent de la queue leur arrière-train avec distinction; ni trop fats, ni trop modestes, ils sont discrètement cabotins. J'admire aussi les jambes fortes et les bras musclés, les torses souples et les moustaches retroussées des hercules et des gymnastes. Je songe à la faiblesse de mes membres, je n'ose jeter un coup d'œil — même attristé — sur mes épaules étroites, mes poignets, mes mains pâles, j'ai honte et pitié de moi, et la fierté, bête un peu, de ces garçons jolis et solides ne me fâche plus. Même les domestiques, gênés avec solennité dans leurs étranges habits galonnés, à grands boutons de métal blanc, me plaisent. Mais plus que tout, j'adore les clowns, les clowns, les clowns.

D'abord, parce qu'ils sont des clowns : la variété de leurs tours est infinie : ils marchent, s'assoient, mangent, se coiffent, se décoiffent, jouent du violon, avec des façons bien spéciales. Leurs corps désossés semblent de longs ressorts compressibles : ils courent, sautent, pivotent, culbutent, girouettent de manière à déconcerter les natures les plus ingénieuses et les plus prévenues. Et voilà déjà bien des raisons pour que des esprits excellents, curieux d'attitudes point banales, s'intéressent à eux. Ce n'est pas là cependant par quoi ils causent mon bonheur : avant tout ils sont en leur genre de vrais humoristes et ainsi je peux à leur sujet — pauvre maniaque — commettre un peu de littérature.

Dans chaque clown, digne de ce nom, se cache, voyez-vous, un philosophe — sans le savoir — peut-être. A force de dire des folies et d'en faire, de lancer à travers les airs des chapeaux pointus qui tournoient, ou d'appliquer sur la face du voisin des claques trop sonores, de se rouler sur le dos, et de marcher sur la tête, ils arrivent à se former du monde une conception assez juste : une grande arène de cirque, pleine de clowns et de « gugusses » qui jouent ensemble. Les clowns giflent et rient, les gugusses sont giflés et rient. La vie n'est qu'une cabriole, mais une cabriole immense et d'une fantaisie sans cesse renouvelée. Rappelez-vous certains de leurs actes, certains de leurs discours. Ces êtres enfarinés, au nez peint de rouge, aux yeux cernés de noir, perdus dans un long vêtement flottant et multicolore, ou étriqués dans un sinistre habit, ont un sens admirable du ridicule ; peu savent aussi bien dégager de toute chose le grotesque qui s'y renferme.

Sans doute, on peut avoir de l'univers cette

amusante et sombre idée, et n'être pas un humoriste. C'était à certaines heures, avec moins d'exagération, celle de Schopenhauër, et bien qu'il maniât d'une main de maître l'ironie froide et amère, on ne peut élargir le sens du mot humoriste jusqu'à lui donner ce nom. Reconnaissez pourtant que cette idée se base sur l'observation de certains faits particuliers, que l'ironie vint ensuite généraliser, et étendre à tous les hommes, et accordez-moi que, plus que tout autre, elle doit engendrer l'humour. Celui qui ne voit dans le monde qu'une parade de foire, et en ses habitants que des baladins de place publique, est naturellement frappé quand il regarde autour de lui par tout ce qu'il y a de comique en eux. Combien plus encore les clowns dont le métier même consiste à parodier par des mimiques expressives ou des paroles dénuées de bon sens, les gestes, les actions, les pensées de ceux qui l'entourent. Et quand il l'accomplit avec une gaieté pleine de souplesse, d'imprévu, de virtuosité, en restant toujours naturel et en gardant un inaltérable sens critique, ne devient-il pas vraiment lui aussi, un humoriste?

Je me souviens de deux clowns, glabres et petits, à mine d'enfants chétifs, qui jouaient il y a deux ans aux Folies-Bergère. Ils simulaient des tours inouïs, qui dépassaient toute imagination, et toute capacité humaine, encore bien plus. L'un d'eux, le plus grand, était attaché par les jambes, les bras et les épaules à des fils de fer assez fins pour que, tout en les voyant, on n'y prêtât pas attention. Il pouvait, ainsi soutenu, prendre, sans le moindre effort, les positions les plus contraires aux conditions élémentaires de toute statique, et accomplissait avec son camarade d'invraisemblables exercices.

Celui-ci, de taille minuscule, s'avançait vers le public, saluait, revenait vers le fond de la scène et tendait d'un beau geste robuste son bras horizontalement. L'autre aussitôt s'y accrochait avec les mains et, doucement remonté par les fils de fer, exécutait un magnifique rétablissement, puis se mettait, jambes en l'air, en équilibre sur le poignet, ou l'un des doigts.

Tantôt, tandis que, souriant, le tout petit se campait solidement, le plus grand grimpait sur son dos, puis sur ses épaules, arrivait enfin, toujours par les mêmes moyens, à s'ériger en superbe « poirier ». Crâne contre crâne, les bras ballant, les jambes touchant les frises, il se mettait alors à tourner vertigineusement sur la tête de son ami. Tantôt le petit, brusquement, saisissait son compagnon par la tête, ou les souliers, et le portait à bout de bras, en marchant, en courant, en dansant. Tout se faisait avec une telle mesure, une telle progression, le moindre mouvement copiait si exactement le réel, que l'illusion était complète.

Et ce qui achevait encore de tromper l'esprit tout en l'amusant, c'était leur mimique d'acteurs. Le petit posait à l'hercule, prenait des attitudes, retroussait ses moustaches. Parfois, après un exercice particulièrement fantastique, il s'épongeait le front. Il saluait avec gravité, par une légère et noble inclinaison du corps. Un sourire pourtant errait sur ses lèvres. Il avait l'air de dire : « Vous voyez, ça n'est pas plus difficile que ça. » L'autre aimait mieux paraître épouvanté, atterré de son propre talent. Il remerciait le public en rougissant. Parodie charmante dont j'imagine que les vrais acrobates ne devaient pas être contents.

Voici un autre trait. Gugusse vient de mourir de frayeur; tout pâle et raidi, il est étendu par terre dans son habit noir élimé. Son inconsolable ami, Bob, le clown, veut l'emporter sur une planche. Vous, sans doute, vous auriez pris Gugusse entre vos bras, sans répulsion, et vous l'auriez porté jusqu'à la planche, avec délicatesse. Bob déteste ce qui n'est pas compliqué. Il soulève le mort, le campe sur ses pieds, et, comme ce mort ainsi redressé chancelle, il le soutient d'une main, à la poitrine; de l'autre il essaie de saisir la planche. Hélas! elle est trop loin! Bob ne peut lâcher le mort qui, sans lui, s'aplatira sur le sable; il ne peut non plus atteindre la planche. Que faire? Après quelques minutes cruelles d'indécision, il se décide à étendre son mort bien doucement sur le sable, puis à aller chercher la planche. Il la place à deux pas du cadavre, à la même hauteur. Cela fait, il réfléchit : soudain il s'agenouille et souffle sur le mort : le mort remue, tourne à demi. Bob exulte. Il souffle plus fort : hélas ! le mort ne tourne toujours que d'un demi-tour. Sur le conseil d'un ami, Bob se met à courir quelques secondes, bouche ouverte, pour attraper l'air, et revient en toute hâte souffler sur Gugusse. Gugusse tourne, tourne, passe par-dessus la planche, tourne, tourne jusqu'à la barrière. Le souffle de Bob était, cette fois, trop puissant. Désespéré, le clown saisit le mort entre ses bras, le pose sur la planche et l'emporte. N'est-ce pas là une raillerie très précise de tous ceux qui, dans la vie, ont, à chaque instant, recours pour les tâches les plus simples aux moyens les plus compliqués ?

Autre trait : Foottit veut apprendre à Chocolat le maniement des armes et il lui donne un fusil. « Je vais commander en russe, d'abord », dit-il. Et, en effet, il prononce d'une voix tonitruante une litanie de mots, qui pourront bien sembler du russe aux ignorants.

Chocolat ne comprend goutte. « En anglais, maintenant », reprend Foottit; et de nouveau il émet des sons bizarres, que j'imagine avec complaisance être anglais, ne connaissant aucun mot (pas même *yes*) de cette langue. Chocolat s'obstine à ne rien comprendre et reste immobile. « En chinois, alors. » Chocolat, tout à fait ahuri, sent la folie naître en son cerveau. Foottit s'impatiente. « En français, puisque vous ne savez pas d'autres langues. » Et le voilà qui, semblable aux vieux adjudants ou aux vieux capitaines, mangeurs de syllabes, ne hurle plus que des onomatopées, français bien militaire, mais aussi inintelligible que du patagon. Chocolat, épouvanté, jette son fusil.

J'ai cité ces trois exemples, parce qu'ils m'ont paru tout à fait caractéristiques. Ils exigent, en effet, tous trois un sens très fin et très exact de la vie; ce sont, si vous voulez, des déformations de la réalité, qui reposent sur une observation minutieuse et ironique de cette même réalité, et il faut les présenter au public avec les fantaisies, la grâce et le naturel qu'on attend de tout bon humoriste.

Les deux petits pseudo-acrobates ont assurément été choqués de la vanité propre à leurs vrais confrères ; peut-être même ont-ils été assez perfides pour croire, chez les plus forts, à l'emploi de certains trucs. Ils ont voulu faire mieux, avec des moyens plaisants, et ainsi se moquer d'eux : observation et raillerie.

Bob a vu des gens perdre la tête pour une affaire sans importance, et dont la réalisation n'offrait aucune difficulté : il les a vus inquiets, bouleversés, tenter tous les moyens, sauf celui qui aurait été le plus simple ; de là une raillerie légère, encore que répétée, de leur bêtise.

Foottit a entendu des officiers commander la manœuvre sans comprendre ce qu'ils disaient, tant ils parlaient vite et mal. Aussi bien on lui aurait juré qu'il entendait du russe, qu'il l'aurait cru. De là cette idée très drôle, et très ironique, de commander à plusieurs reprises le même exercice, en se servant à chaque fois d'une langue différente, sans que jamais il soit possible de le mieux comprendre.

13.

Je présume que quelques humoristes m'en voudront d'avouer une telle estime pour les clowns. « Eh quoi, diront-ils, vous nous comparez à des paillasses, à des Augustes, à de vulgaires saltimbanques, qui sautent et se roulent dans le sable ! Vraiment l'affection que vous nous portez est bizarre et vous avez une étrange façon de recommander vos amis. Déjà le public se défiait de nous. Quelle opinion va-t-il avoir maintenant ? »

Je ne leur répondrai pas ; je me tournerai vers les clowns et leur dirai seulement ces mots :

« O clowns, clowns fardés et peints, comme l'on vous méconnaît ! Aux heures où, sur le sable des cirques, et le parquet feutré des music-halls, vous prodiguez l'ironie tranquille de vos discours et la folie de vos culbutes, vous êtes des sages. Sans doute vous ne le savez pas ; c'est pourquoi vous l'êtes vraiment, puisque vous vous ignorez vous-mêmes. La tradition veut que les paroles de vérité sortent de la bouche des fous, car les fous diffèrent des sots. Hamlet, Falstaff, Triboulet tiennent des monologues lumineux, tels que jamais n'en prononcent les plus sensés des hommes. Vous aussi, tout en gambadant, tout en cabriolant, vous déchirez le voile qui couvre nos manies, nos défauts, nos ridicules. D'un mot, d'un geste vous faites jaillir tout le grotesque qui se cache en nous : vous nous montrez la presque parfaite petite image de ce que nous sommes, nous et le monde, et j'aime mieux le toupet railleur qui se dresse sur votre tête que les grandes perruques des vieux docteurs. »

LA CRITIQUE DU CRITIQUE

Pour M. Jeaniet.

Vic-sur-Cère.

Mon ami,

De longs mois se sont enfuis, depuis que j'ai quitté Paris et ma vieille maison, et je suis grandement coupable de ne vous avoir point écrit. Que voulez-vous? J'ai tant d'excuses.

C'est un merveilleux pays que celui où je vis, et je l'aime d'un amour profond. A peine l'aube luit-elle que je pars. Dans le village les demeures sommeillent, les chemins sont encore humides, et déjà pourtant la nature entière travaille. Je gravis la montagne. Les bœufs, lentement, paissent, à coups de langue presque rythmés, l'herbe des premiers contreforts, et chaque mouvement de leur tête agite la sonnette qui pend à leur cou. De toutes les vallées montent ainsi des musiques argentines, pures et fraîches, que les échos se renvoient, et que domine parfois le chant grave d'un bouvier. Je m'attarde près des granges, où des hommes hâlés et velus battent le blé. Les fléaux tombent, s'élèvent, retombent encore, en cadence, bras gigantesques et souples qui broient sans relâche. Le soleil, qui glisse à travers les raies du toit et entre à flots par la vaste porte, jette sur les travailleurs et les gerbes étalées des lueurs d'or. Des poussières, qui brillent, dansent dans l'air. Je pénètre dans les burons campés sur les plateaux déserts, et, un peu suffoqué tout de même par l'odeur âcre qui les emplit, je regarde les paysans faire leurs fromages. Ma curiosité ne les dérange pas; ils ne s'inquiètent point de moi, pas plus qu'ils ne s'inquiètent de ceux qui vivent dans les villages. Ils écument le lait, pétrissent, serrent le beurre en des cases de bois, silencieux, avec des gestes tranquilles et sûrs. Quand je leur parle, c'est à peine s'ils me répondent. Je suis pour eux un inutile. Je monte encore plus haut ; le ciel seul est au-dessus de moi. Là-bas, là-bas, tout au fond, filets limpides, des ruisseaux serpentent parmi les prairies, comme à la poursuite les uns des autres. Un moment, ils disparaissent derrière des arbres, des haies, des maisons ; l'œil ravi les retrouve plus loin et les suit encore. Peu à peu, cependant, leurs eaux claires diminuent, s'assombrissent et se confondent avec la terre.

Ah ! comme la vie, ici, est simple, et bonne, et reposante ! Il n'est pas besoin de livres, en face d'une pareille nature. Les livres les plus beaux ne valent pas le calme et la sérénité de ces contrées, et rien ne forme plus notre intelligence et la nourrit et la dirige, que de regarder ces beautés et les goûter.

Pourtant j'ai lu avec attention le paquet d'articles que vous m'avez envoyé, parce que je vous chéris. Je ne vous tresserai pas de guirlandes de compliments, non que je craigne de vous rendre fat ; mais j'estime qu'ils ne servent de rien, et que les blâmes seuls sont utiles, et j'ai à vous en adresser.

Je comprends mal d'abord votre façon de critique. J'appartiens à une époque où l'on évitait toute cabriole, et je suis habitué à traiter gravement tout ce qui ressort du domaine littéraire. Avions-nous à parler d'un prosateur ou d'un poète : nous distinguions en lui, suivant les principes enseignés par des maîtres éminents, l'homme et l'écrivain, et nous cherchions avec habileté et finesse comment l'un pouvait expliquer l'autre. Nous imaginions ensuite quelque comparaison avec un auteur classique, et, selon que notre homme était plus ou moins entaché de modernisme, nous lui accordions du talent, ou nous lui en refusions. Nous composions ainsi un article solide, divisé rigoureusement en paragraphes clairs.

Vous êtes d'une autre école : les pirouettes et les gambades seules vous charment; vous esquissez, avec bonheur, des pieds-de-nez à ceux que vous jugez, et vous levez la jambe, et vous tirez la langue, avec une joie indicible.

Votre fantaisie évoque des morts illustres ou de traditionnels pantins, des bêtes sauvages ou des bêtes domestiques, qui surgissent, on ne sait d'où, on ne sait comment, et tiennent avec vos humoristes d'ironiques conversations, d'où vous tâchez de faire jaillir la lumière de l'analyse. Je trouve ce procédé factice, encore plus que bizarre ; ce sont là un peu des contes de fées pour grandes personnes. Je crains que pour le plaisir d'une raillerie ou d'un geste farceur, vous ne vous laissiez aller parfois à fausser la vérité.

Il eût été si beau d'écrire sur l'humour une étude bien documentée ! Que de superbes titres de chapitres : « *Définition et origine de l'Humour; l'Humour et le tempérament français; l'Humour dans la vie et au théâtre ; l'Humour et son évolution depuis la chanson du Renard.* » Voilà qui vous eût mérité l'approbation de l'Université entière, et peut-être un prix à l'Académie. Tête légère ! les portraits seuls vous ont arrêté, et vous vous y êtes attardé, en écolier paresseux qui flâne le long des routes écartées. Vous aviez bien commencé! je prise votre définition de l'humour, et les pages dans lesquelles vous caractérisez les humoristes français, et montrez qu'ils sont vraiment dans la tradition. Mais vous avez vite tourné court, et volé vers des sujets moins arides.

Il est même, en admettant votre système, des choses que je m'étonne de vous voir oublier. Si vieux que je sois, c'est-à-dire si arriéré, je n'ignore pas qu'il exista quelque part dans Montmartre une manière de café littéraire qu'on nomma le Chat-Noir. Il me semble que vous n'en avez pas parlé, et pourtant j'ai appris que là se formèrent la plupart des actuels humoristes. Votre amour du pittoresque eût trouvé dans ce bric-à-brac plus qu'un amusant exercice de style. Vous y auriez sans doute découvert la genèse de toute l'école humoristique d'aujourd'hui. Vous n'avez pas voulu... pour des raisons sans doute excellentes, et je n'essaierai pas de vous amener à combler cette lacune... j'y perdrais mon latin...

Et maintenant, je vous félicite de votre courage tout de même, comme vous le demandez.

Je vous savais plus paresseux que le loir, ce pauvre animal que le populaire couronne roi des fainéants, et je ne vous pensais pas capable de parachever une si grosse entreprise. Puissiez-vous devenir, en même temps, plus sérieux et publier un jour de doctes écrits !

Votre vieil ami.

FIN

TABLE DES MATIÈRES

Dédicace	v
Quelques remerciements	vii
En manière de préface	ix
L'humour	1
Les humoristes français	17
Le style des humoristes	27
Lettre d'envoi	41
Georges Courteline	45
Jules Renard	63
Alphonse Allais	77
Alfred Capus	93
Georges Auriol	101
Paul Masson	113
Tristan Bernard	127
Pierre Veber	141
Franc-Nohain	151
Willy	159
Etienne Grosclaude	169

Maurice Beaubourg	183
Maurice Cornonsky	185
Paul Gavault	187
M. Gazier	189
Auguste Germain	192
Jean Goudezki	194
Ernest Lajeunesse	196
Charles Mougel	198
P. J. Toulet	201
Le faux humoriste	203
L'enterrement de M. Armand Silvestre	206
L'humour chez les clowns	215
La critique du critique	228

EMILE COLIN, IMPRIMERIE DE LAGNY (S.-ET-M.)

Original en couleur
NF Z 43-120-8

www.ingramcontent.com/pod-product-compliance
Lightning Source LLC
Chambersburg PA
CBHW070526170426
43200CB00011B/2339